KNOBEL
KISTE

Martin Stiefenhofer

KNOBEL KISTE

400 HARTE NÜSSE FÜR SCHLAUE KÖPFE

Weltbild

Der Text des Buches folgt den neuen Regeln der deutschen Rechtschreibung.

Weltbild Buchverlag

Redaktion: Angela Troni, München
Einbandgestaltung: CCG, Köln
Aufmacher-Illustrationen: Sabine Kranz, Frankfurt
Rätsel-Illustrationen: Marco Duttler, Augsburg
Layout und Satz: CCG, Köln
Lithoarbeiten: Fotolito Longo, Frangart
Druck und Bindung: Offizin Andersen Nexö – ein Betrieb der INTERDRUCK Graphischer Großbetrieb GmbH, Leipzig

Gedruckt auf chlorfrei gebleichtem Papier

Printed in Germany
ISBN 3-89604-309-9

Inhaltsverzeichnis

Vorwort

Rätseln, Raten und Knobeln sind Beschäftigungen, die schon vor Jahrtausenden für Kurzweil, Spannung und geistige Fitness gesorgt haben. Bis heute berühmt sind beispielsweise die Orakelsprüche der Pythia von Delphi oder die Weissagungen der Sibyllen, die man nicht ohne weiteres wörtlich nehmen konnte.

Doch auch in neuerer Zeit sind Rätsel entstanden, die weniger schicksalsbestimmend waren und dennoch Klassikerstatus erreicht haben. Sie geben in abgewandelter, aktualisierter Form immer wieder ein Beispiel dafür, wie schwierig einfache Sachverhalte dargestellt oder wie gewitzt kluge Menschen mit komplizierten Fragen fertig werden.

Rätselreime, Teekessel, Worträtsel, Sprachspiele und Scherzfragen fordern Sprachgefühl und -verständnis sowie Sachverstand und Kombinationsfähigkeit gleichermaßen. Im vergangenen Jahrhundert waren sie oft der Höhepunkt von geselligen Abenden, an denen jeder seine besten (oft selbst erfundenen) Rätsel den anderen zur Aufgabe machte. Auch heute kommt Vergnügen mit diesen Rätseln vor allem dann auf, wenn in gemütlicher Runde spannende und spannungslösende Spiele zum Zuge kommen sollen.

Die naturwissenschaftlichen Rätsel und die geografischen Rätsel beschäftigen sich mit den Erstaunlichkeiten der heutigen Welt. Gesetzmäßigkeiten und „Widersinnigkeiten" der Natur und ihrer Erscheinungen und die Einteilung der Welt sind ihr Thema.

Spiele mit Streichhölzern und Münzen geben dem Knobelfreund handfeste Rätsel auf. In Ruhe und von allen Seiten kann er betrachten, überlegen, grübeln und ausprobieren, bis er die geforderte (oder vielleicht eine andere) Lösung gefunden hat. Hier wird besonders deutlich, was Kreativität und geistige Fitness vollbringen können. Mit ein paar einfachen Hölzchen oder Münzen entstanden Hunderte von Rätseln und Aufgaben, die teils kinderleicht, teils beinahe unmöglich zu lösen sind.

Aber auch die Rätselgeschichten, die Logikrätsel und Denkfallen haben es in sich. Hier kommt es auf jede Formulierung an – und wie sie interpretiert werden kann. Einen Schritt nach dem anderen zu machen, nichts außer Acht zu lassen und sich vor Irrwegen zu hüten ist dabei oberstes Gebot. Das zu befolgen fällt manchmal sehr schwer.

Schließlich sind noch die mathematischen Rätsel zu nennen. So exakt die Mathematik sein mag, auch hier geht es nicht in erster Linie darum, sofort die rechnerisch richtige Vorgehensweise zu finden. Das Problem zu verstehen und zu überdenken steht im Vordergrund. Verschiedene Lösungsmöglichkeiten auszuprobieren, nachzurechnen und dann die Lösung zu finden ist der ideale Abschluss dieser Rätsel.

Knobelspiele und Denkrätsel in diesem Fassettenreichtum sind einerseits spannende Unterhaltung, andererseits nützliche Beschäftigung. Die seit langem große Fangemeinschaft der Spiel-, Spaß- und Sporträtsler zeigt, dass „Brainmoving" oder „Gehirnjogging" keine Erfindung der letzten Jahre ist. Seit vielen Jahren sorgen Menschen auf diese Weise dafür, mit Vergnügen fit im Kopf zu bleiben.

Martin Stiefenhofer

1. Logikrätsel und Denkfallen

Ein Rätsel nur durch scharfes Nachdenken lösen zu können, durch logische Schlussfolgerungen auf das Ergebnis zu kommen, das ist der Königsweg bei den meisten der folgenden Rätsel. Doch manchmal kann zu starkes Nachdenken auch auf den Holzweg führen. Wie dem auch sei, Hilfsmittel sind immer erlaubt.

Leichte Rätsel

1. Torjubel

Bei einem Fußballspiel schoss ein Spieler beide Tore, trotzdem wurde er nicht gefeiert. Warum?

2. Die Entenjagd

Nach der Entenjagd tragen vier Jäger sieben Enten nach Hause. Der erste zwei, der zweite drei, die beiden anderen jeweils eine. Und doch bringt keiner der Jäger mehr Enten mit als die anderen. Warum?

3. Vater und Sohn

Jürgens Vater hat drei Söhne. Einer heißt Michael, der andere Johannes. Wie heißt der dritte?

4. Im Obstkeller

Im Obstkeller stehen fünf Kisten mit Äpfeln. In einer sind noch 3,5 Kilo, in der zweiten 2 Kilo, in der dritten 4 Kilo, in der vierten nur noch 1,25 Kilo und in der fünften noch 5,3 Kilo. Wenn man sie zusammenschüttet, wie viel gibt das?

5. Wertvolle Bücher

Auf dem Fußboden steht ein Stapel schwerer Bücher, insgesamt 13 an der Zahl, die alle sorgfältig aufeinander gelegt sind. Alle Bücher sind dick und schwer, mindestens 700 Seiten stark. Im untersten Buch steckt ein Geldschein, der nur 1,5 Zentimeter herausragt, zwischen den Seiten 699 und 700. Wie kann man den Geldschein aus dem Buch bekommen, ohne dass er zerreißt und ohne den Bücherstapel umzusetzen?

6. Familienbande

Max besucht einen seiner Brüder in Osnabrück, und beide gehen spazieren. Da erwähnt Max den Tod seines Neffen, der im vergangenen Jahr gestorben ist, worauf sein Bruder in Tränen ausbricht. Warum?

7. Sockenpaare

Alfred musste dringend zu einem wichtigen Vorstellungsgespräch und war sehr spät dran. Als er sich umzog, merkte er, dass all seine Socken auf dem Speicher zum Trocknen hingen. Also rannte er hoch und wollte schnell zwei holen. Doch das Licht auf dem Speicher war kaputt, und so konnte er nur im Dunkeln die Socken ertasten. Auf der Leine hingen sieben Paar Socken. Wie viele musste Alfred mitbringen, um sicher zu sein, zwei eines Paares erwischt zu haben?

8. Kindersegen

Frau Müller hat fünf Söhne, und jeder Sohn hat eine Schwester. Wie viele Kinder hat Frau Müller?

9. Siedepunkt

In zwei Töpfen wird Wasser heiß gemacht. Im einen hat es gerade erst zu kochen begonnen, im anderen kocht es bereits seit 200 Sekunden. Welches Wasser ist heißer?

10. Die Fischräuber

Auf dem Chiemsee leben 244 Wasservögel der Sägerfamilie (122 Pärchen). Sie sind eine wahre Plage für die Fischerei, denn sie verschlingen eine Vielzahl kleiner und mittelgroßer Fische.

Plötzlich bricht eine unerklärliche Krankheit unter den Sägern aus, und alle bis auf 200 sterben. Wie viele gibt es noch auf dem Chiemsee?

11. Der Einkaufsbummel

Für den Weg in die Stadt zum Einkaufen braucht Evi 95 Minuten, für den Rückweg eine Stunde und 35 Minuten. Wie lässt sich das erklären?

12. Ein Korb voller Äpfel

Wenn man aus einem Korb mit 13 Äpfeln neun herausnimmt, wie viele Äpfel hat man dann?

13. Der ordentliche Haarschnitt

In einer Stadt leben zwei Friseure, der eine führt ein sauberes, ordentliches Geschäft – alles ist aufgeräumt, und er selbst ist tadellos gepflegt. Der andere ist eher unordentlich, der Frühjahrsputz ist längst überfällig, und auch er selbst hat nicht einmal gut geschnittene Haare. Von welchem der beiden Friseure sollte man sich den Haarschnitt verpassen lassen?

14. Der sprechende Papagei

Ein Kunde fühlte sich vom örtlichen Tierhändler betrogen, denn er hatte bei ihm einen Papageien gekauft, der laut Angaben des Tierhändlers jedes Wort, das er hört, sofort wiederholt. Wie wütend war der Kunde, als der Papagei offensichtlich nicht daran dachte zu sprechen. Hat der Tierhändler also gelogen?

15. Die Beschwerde

Empört ließ ein Gast im Restaurant die Kürbissuppe zurückgehen, nachdem er ein Haar in ihr entdeckt hatte. Der Kellner lief mit rotem Kopf in die Küche und kehrte alsbald mit einem neuen Teller Kürbissuppe zurück. Er brachte jedoch keine neue Suppe, sondern hatte nur das Haar herausgenommen. Wie konnte der Gast das erraten?

16. Die Durchreiche

Kann man durch eine 50 x 50 cm große Durchreiche in der Wand von der einen Seite einen würfelförmigen Karton mit den Kantenlängen 45 x 45 x 45 cm und von der anderen Seite eine Holzkugel mit einem Durchmesser von 35 cm durchgeben?

17. Die Ameisenparade

39 Ameisen laufen vorneweg und 39 hinterher. Insgesamt sind es aber auch nur 39 Ameisen. Wie laufen sie?

Mittelschwere Rätsel

18. Die Rechenaufgabe

Welches Zeichen muss man zwischen die Zahlen 4 und 5 setzen, damit eine Zahl entsteht, die kleiner ist als 5, aber größer als 4?

19. Seemannsgarn

Ein Leichtmatrose erzählt abends in der Kneipe von seinem beschwerlichen Tag. Er musste die beiden vergangenen Tage das Schiff streichen helfen. Als er an der Außenbordwand, die 4,80 Meter hoch ist, beschäftigt war, stand er auf einer Strickleiter, deren Sprossen 27 Zentimeter auseinander liegen. Er stand auf der drittuntersten Sprosse, als die Flut auflief. Er wusste, dass die Flut im Hafen einen Höhenunterschied von 1,34 Meter ausmachte, und so stieg er sofort fünf Sprossen höher, um ungestört weitermalen zu können. Die Seebären in der Kneipe amüsierten sich köstlich über diese Geschichte. Warum?

20. Die Abschlussfeier

Zwei Leute kommen zur Abschlussfeier von Julianes Staatsexamen. Die Kommilitonen haben ihr zu Ehren ein kleines Fest organisiert, bei dem der Zugang kontrolliert wird. So werden die beiden nach ihrem Verwandtschaftsverhältnis zu Juliane gefragt, als sie Zutritt zum Festsaal begehren. Es stellt sich heraus, dass der eine der Vater der Tochter des anderen Gastes ist. Was ruft man also Juliane vom Eingang her zu?

21. Rechenzauber

Wie kann man zwölf halbieren, damit das Ergebnis nicht sechs, sondern sieben ist?

22. Der Lederfußball

Drei Jungen kauften sich einen tollen Lederfußball im Sportgeschäft für 25 Mark. Obwohl das schon ein sehr gutes Geschäft für die drei war, stellte der Verkäufer fest, dass der Ball eigentlich im Sonderangebot war und nur 21 Mark gekostet hätte. Er schickte also seinen Lehrling mit vier Markstücken los, um den drei Jungen das zu viel bezahlte Geld geben zu lassen. Doch der Lehrling dachte, dass vier Mark sich eh nicht gut auf drei, sondern besser auf vier verteilen ließen, steckte die vierte Mark selber ein und gab den Jungen drei Mark. Die Jungen hatten jetzt also 22 Mark bezahlt, und eine Mark hat der clevere Lehrling eingesteckt, sind zusammen 23 Mark. Wo sind die restlichen zwei Mark geblieben?

23. Buntes Zahlenspiel

Wenn alle geraden Zahlen blau und alle ungeraden rot dargestellt werden, welche Farbe sollen dann die Zahlen haben, die aus der Addition einer geraden mit einer ungeraden Zahl entstehen?

24. Die Hochzeit

Selbst bei einer türkisch-kurdischen Hochzeit spielen, zumindest für manche Gäste, politische Aspekte eine Rolle. Um Streitereien vorzubeugen, sollten alle zehn Gäste, die je zur Hälfte Türken und Kurden waren, auf zwei Seiten eines rechteckigen Tisches Platz nehmen, und zwar so, dass kein Kurde neben einem Nicht-Kurden saß. Außerdem wollte die Mutter der Braut neben einem Kurden und ihrem Mann gegenüber sitzen. Wie sitzen die zwölf Leute also am Tisch?

25. Zahlenfolge

Wie lauten die nächsten beiden Zahlen in der Zahlenfolge?
8, 3, 1, 5, 9, 0, 6, 7

26. Falsch oder richtig?

Hier sind drei der Aussagen falsch.
„Fünf plus vier gibt neun."
„Blau ist eine Farbe."
„Drei mal sechs gibt siebzehn."
„Hans ist ein Name."
„Drei plus vier gibt acht."

Schwere Rätsel

27. Wer gewinnt?

Auf dem Tisch liegen Holzstäbchen in der gezeigten Kombination. Zwei Spieler dürfen nun abwechselnd bei jedem Zug entweder von einem einzigen Häufchen oder von zwei verschiedenen Häufchen so viele Stäbchen wegnehmen, wie sie wollen. Der Spieler, der das letzte Stäbchen nehmen muss, hat verloren.

28. Das Kartenspiel

Beim Kartenspiel sitzen fünf Leute am Tisch. Einer gibt die Karten einzeln im Uhrzeigersinn rundum aus, als plötzlich der Teekessel pfeift und der Geber überstürzt in die Küche eilt, um den Tee aufzugießen. Nachdem der Tee gezogen hat, kehrt er mit fünf vollen Teetassen zum Spieltisch zurück und will weiter die Karten ausgeben. Über den Tee freuen sich alle so sehr, dass keiner mehr weiß, wer die letzte Karte bekommen hat. Wie kann der Kartengeber nun weiter ausgeben, damit jeder die Karte erhält, die er auch ohne die Unterbrechung bekommen hätte?

29. Das Spielbrett

Auf den 64 Feldern eines quadratischen Spielbretts sollen Spielsteine so angeordnet werden, dass in jeder senkrechten, waagrechten und diagonalen Linie jeweils nur ein Stein liegt. Wie viele Steine sind das und wie können sie liegen?

30. Drei Geschenke

Susanne, Anne und Hanna haben einen Ring, eine Halskette und ein Armband von Tante Sybille geschenkt bekommen. Als die Mutter nun ihre drei schlauen Töchter fragt, wer von ihnen was erhalten hat, drucksen die drei herum und antworten:
„Susanne hat den Ring."
„Anne hat keinen Ring."
„Hanna hat nicht das Armband."
„Nur eine dieser drei Antworten ist wahr."
So viel Schlauheit kommt nicht von ungefähr, und so hat die Mutter schnell heraus, wer was geschenkt bekommen hat.

31. Die Gondelfahrt

In einer Gondel, die ins Bergwandergebiet führt, saßen folgende Leute: zwei Männer mit ihren Frauen, ein Bruder, eine Schwägerin und zwei Schwager der beiden Herren. Die Gondel war nicht sehr groß, und trotzdem gab es kein Gedränge. Wie viele Leute saßen drin?

32. Wer wohnt wo?

Alfred, Berthold, Claudia, Dieter und Erich unterhalten sich beim ersten Klassentreffen seit Jahren wieder einmal miteinander und verstehen sich recht gut. Da kommt Ralf dazu, den sie nie leiden mochten. Ralf fragt, nachdem ihm alle versichert haben, dass es ihnen gut gehe, wo sie denn nun wohnten. Da sagt Berthold: „Die Postleitzahlen der Städte, in denen wir wohnen, lauten 13244, 25116, 43117, 52424 und 71334." Die anderen ergänzen seine Aussage.
Aussagen von den Personen A bis E:
Alfred sagte: „Bertholds Postleitzahl ist durch 3 teilbar, meine nicht."

Claudia meinte: „Meine Postleitzahl ist höher als die von Erich."
Dieter ergänzte: „Meine Postleitzahl ist höher als die von Alfred, aber niedriger als die von Berthold."
Welche Personen wohnen also unter welchen Postleitzahlen?

33. Handschuhpaare

Wie viele Handschuhpaare müssen es sein, dass alle der folgenden Aussagen zutreffen können?
Alle Paare sind vertauscht.
Nur ein Paar ist vertauscht.
Alle Paare sind richtig.

34. Der Berg ruft

Ein Naturfotograf kennt auf dem Berggipfel eine Stelle, wo Edelweiß wächst. Um ein Foto schießen zu können, macht er sich morgens um acht Uhr auf den Weg. Er geht gleichmäßig den Berg hoch und macht ab und zu kurze Pausen. Zur Mittagszeit macht er eine längere Rast, geht dann ein paar Stunden weiter und kommt nachmittags um fünf Uhr an der Stelle an, wo das Edelweiß wächst. Er macht ein paar Aufnahmen. Da es für den Abstieg zu spät ist, übernachtet er im Biwaksack neben dem Edel weiß und macht sich am nächsten Tag wieder um acht Uhr auf den Weg nach unten. Er geht dieselbe Strecke ungefähr gleichschnell wie am Vortag, legt Pausen ein und mittags eine längere Rast. Gibt es auf dem Rückweg mindestens eine Stelle, die er um die gleiche Uhrzeit wie am Vortag passiert?

35. Fuchs, du hast die Gans gestohlen

Ein Fuchs hatte einen Bauernhof entdeckt, der von einem Lattenzaun umgeben war. Innerhalb des Zauns saßen fette Gänse, die nicht durch den Lattenzaun passten. Und auch der Fuchs konnte sich gerade so durchzwängen. Er überlegte. Über den Zaun springen konnte er nicht, sich untendurch zu graben ging auch nicht. Wenn er sich also durch den Zaun quetschte und eine Gans fraß, war er zu dick, um wieder herauszukommen. Doch allzu viel Zeit durfte er nicht verlieren, und so fiel ihm schließlich die Lösung ein. Was tat er?

36. Zahlenreihe

Die Zahlenreihe 1-2-1-2-1-2-1-2-1-2 soll in fünf Zügen so umgestellt werden, dass die Reihe 2-2-2-2-2-1-1-1-1-1 entsteht. Dabei dürfen immer nur zwei nebeneinander stehende Zahlen bewegt werden, deren Position nicht vertauscht werden darf. Ganz schön schwierig, oder?

37. Beruferaten

Was ist für einen Brillenträger am wahrscheinlichsten?

A: Er ist Landwirt.

B: Er ist Schriftsteller.

C: Er ist Erfinder.

D: Er ist Bauingenieur.

38. Kleiderordnung

Wenn Herr Langfelder seinen Hut aufsetzt, zieht er die Hausschuhe aus. Nimmt er den Hut ab, zieht er den Hausmantel an. Hat er den Hut auf, ohne die Hausschuhe anzuhaben, setzt er die Brille auf. Wenn er den Hausmantel auszieht, setzt er den Hut auf. Trifft es aber nicht zu, dass er weder den Hut auf noch die Hausschuhe an hat, setzt er die Brille auf. Gerade eben hat er keine Brille auf. Hat er den Hausmantel also an?

39. Im Uhrzeigersinn

Wie kann das Zifferblatt der Uhr mit zwei Geraden so geteilt werden, dass in allen drei entstandenen Bereichen die Ziffern addiert jeweils die gleiche Summe ergeben?

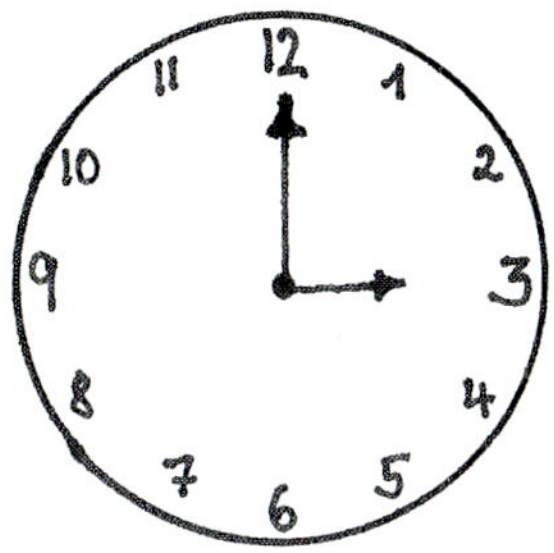

40. Das geteilte Rechteck

Wie muss man dieses Rechteck zerschneiden, damit man aus den Teilen ein Quadrat legen kann? Es sollen so wenig Teile wie möglich sein.

41. In memoriam

„In treuem Gedenken an die Männer, die im Ersten Weltkrieg ihr Leben für uns geopfert haben." Mit dieser Inschrift wurde im August 1933 der Gefallenen des Ortes Marsweiler gedacht. Das zumindest behauptet die örtliche Chronik, denn der Gedenkstein gilt als verschollen. Hat es ihn je gegeben?

2. Rätselreime

Rätsel zu reimen war (und ist noch) ein Vergnügen, dem sich Jung und Alt an so manchen Abenden hingaben. In Reimform wird ein Begriff umschrieben, den es zu erraten gilt. Bei den Scharaden wird nach einem Wort gesucht, das sich aus mehreren Begriffen zusammensetzt. Oder es geht um Begriffe, die durch Hinzufügen oder Wegnehmen von Buchstaben andere Bedeutungen bekommen.

Leichte Rätsel

1. Löchrige Verbindung

Loch an Loch und hält doch. Was ist das?

2. Der summende Hemdkragen

Die eine summt und wird auch oft erschlagen,
die zweite ziert so manchen Hemdenkragen.

3. Der Gourmet

Weiß läuft es über grüne Wiesen,
auf Käse tut´s der Gourmet genießen.

4. Flug ohne Flügel

Sie hat zwei Flügel und kann nicht fliegen,
hat einen Rücken und kann nicht liegen,
sie kann nicht sehen und hat kein Bein,
doch manchmal läuft sie – was mag das sein?

5. Heldenhaft

Einst von Helden aufgeschlitzt,
er heut bei Wind am Himmel sitzt.

6. Der Schein trügt

Ein Tal voll, ein Land voll,
und am End' ist's keine Hand voll.

7. Sechs Beine

Es hat sechs Beine und geht doch nur auf vier,
wer ist das bloß, schnell, sag es mir.

8. Leckere Geräusche

Das erste mundet Mäusen sehr,
das zweite läutet laut umher.
Zusammen steht es auf dem Tisch
und hält den Inhalt länger frisch.

9. Wer raucht hier?

Sitzt einer auf dem Dach und raucht
und weder Pfeif noch Tabak braucht.

10. Blut und Haut

Ohne Kopf und ohne Schwanz,
ohne Knochen bin ich ganz.
Nur von Blut und nur von Haut,
in ganz kurzer Zeit gebaut.

11. Der arme Tropf

Der arme Tropf
hat weder Hut noch Kopf,
und noch dazu
nur einen Fuß – und keinen Schuh!

12. Wie süß

Süß ist, was ich schaffe,
gefährlich meine Waffe.

13. Schüttelrätsel

Es rüttelt sich und schüttelt sich
und macht dabei noch unter sich.

Mittelschwere Rätsel

14. Die Jagd

Zwei Väter und zwei Söhne, die gingen auf die Jagd
und schossen sich drei Hasen.
Und doch hat jeder einen heimgebracht,
und ihn sich schmecken lassen.

15. Ein Wort mit sieben Zeichen

Der Zeichen sieben hat das Wort,
der Rest bleibt acht, nehm ich drei fort.

16. Der leere Kopf

Ein leerer Kopf hat keinen vollen Wert,
bei welchen Köpfen ist es umgekehrt?

17. Ein Zeitvertreib

Man kauft mich, um mich fortzujagen,
geb ich doch gleich so manchen Zeitvertreib.
Und dennoch führ ich niemals Klagen,
erdulde Schnitt, erdulde Feuerplagen.
Und manchmal auch vernichtet mich ein Weib.

18. Die Wörterkette

Warum denn jagen?
Nicht leicht zu tragen.
Am Segelboot.
Tut dem Wanderer Not.
Besuch zu Haus.
Schon ganz heraus?

19. Singsang

Im ersten Beten und Singen erklingt,
das Erste betet, das Ganze singt.

20. Schlummers Träume

Das Erste düstert, das Zweite knistert,
das Ganze lullt mit sanftem Schein
dich in des Schlummers Träume ein.

21. In die Ferne

Die erste Silbe nennt uns hier,
was entbehren kann kein Tier,
worin die Erde schwebt
und sich der Vogel hebt.
Die zweite bringt aus fernem Land,
was man dort baute und erfand.
Das Ganze lässt uns deutlich sehn,
wie sehr der Mensch sich kann erhöhn.
So hoch, dass ihm zu Füßen
die Regenwolken fließen.

22. Ein Künstler

Es hat kein Auge, keine Hand
Und besitzt auch nicht Verstand.
Doch malt es, wie kein Künstler kann,
im Augenblick schnell jedermann.

23. Haben oder nicht haben

Wer ihn wünscht, der kriegt ihn nicht,
wer ihn hat, der mag ihn nicht.

24. Der Mädchenname

In einem Garten steht ein Mädchen,
das trank Tee,
da kam ein Reh,
schwamm durch den See.
Wie heißt das Mädchen?

Schwere Rätsel

25. Drei in einem

Man braucht mich wie ein einzig' Wort
und zähl ich wie der Worte drei.
Doch gilt, ist nicht das zweite fort,
mein Ganzes noch nicht zwei.
Mein zweites drückt gar manches aus,
manchmal ist es sogar ein Schmaus.
Die Kunst, das Kleine zu vermehren,
pfleg' ich im Stufengang zu lehren.

26. Der komische Mann

Die ersten zwei Silben scheuen das Licht,
dessen Strahl sich in den zwei letzten bricht.
Das Ganze führt man zuweilen noch an
und denkt dabei an einen ganz komischen Mann.

27. Zu Wasser und zu Lande

Die erste Silbe gibt des Schutzes treues Bild,
war zur Verteidigung in alter Krieger Hand.
Die beiden letzten Silben sind des Abscheus Gegenstand

und kriechen überall auf sumpfigem Gefild.
Das Ganze liebt das Wasser wie das Land
und ist für immer in sein Haus gebannt.

28. Tagtäglich

Die erste Silbe gib der Kuh.
Setz ihr noch einen Laut hinzu,
dessen Name ganz so klingt
wie das, was man aus Tassen trinkt,
so hast du auch das Zweite.
Das Ganze? Täglich war es ja,
und ist tagtäglich wieder da;
es reimt sich auch aufs Zweite.

29. Die Veränderung

Als Ganzes gewähr ich viel Plaisier,
fehlt mir der Kopf, gehör ich ins Reisebrevier,
Verlier ich Hals und Bein,
dann bin ich in so manchem Spiel viel wert.

30. Der Dichter

Das erste ist ein wildes Tier,
die Steppe ist oft sein Revier.
Das zweite nennt uns ein Gewicht,
das hier auf Kopf und Fuß verzicht'.
Das dritte ist ein Prädikat,
das von Adel jeder hat.
Das vierte einen Laubbaum nennt
– die Mehrzahl ist hier kompetent.
Das letzte schließlich sagt zum Schluss,

dass es bedeutet „kleiner Fluss“.
Das Ganze gibt der Wörter drei,
ein Name aber nur es sei.
Schreibt man die Worte auch getrennt,
einen Dichter dieser Name nennt.

31. Vorwärts und rückwärts

Wer nach des Lebens eitlen Genüssen
hat in die Silben von vorwärts gebissen,
wird in die Silben von rückwärts gar bald
geschoben und ach! gebettet so kalt.

32. Viele Fassetten

Ich bin ein Blatt, bald groß, bald klein,
man sieht mich leer, bemalt, beschrieben.
Bald heiß ich grob, bald bin ich fein,
gar leicht beschmutzt und abgerieben.
Mein allgemeiner Name umschließt die Bezeichnungen alle.
Wem ich im Spiel auch nicht gefalle,
schickt mich doch wohl in manches Haus
als seinen stummen Sprecher aus.

33. In der Ritze

Was ich gelte, bin ich nütze,
bin ich durch den Kopf allein.
Mein Zuhaus' ist eine Ritze,
in sie klemmt man früh mich ein.
Wo ich bis zum Abend sitze,
wenn ein voller Bauch mir nicht
mein Erlösungsurteil spricht.

3. Teekessel raten

Ein beliebtes Rätselspiel ist die Frage nach dem „Teekessel“. Dahinter verbirgt sich ein Wort, das immer mindestens zwei Bedeutungen hat. Aus den Andeutungen den richtigen Begriff zu erraten, fällt manchmal leicht, manchmal aber auch ganz schön schwer. „Teekessel“ kann man zu zweit oder aber in einer größeren Gruppe spielen. Dann macht die Suche nach den mehrdeutigen Begriffen ganz besonders viel Spaß.

Leichte Rätsel

1.

Mein Teekessel lässt das Mausen nicht.
Mein Teekessel macht Licht und Geräusche zur Qual.

2.

Mein Teekessel hat manches auf dem Kerbholz.
Mein Teekessel zeigt Grenzen auf.

3.

Mein Teekessel zeigt die ganze Welt.
Mein Teekessel trägt die Welt auf seinen Schultern.

4.

Mein Teekessel ist oft dufte.
Mein Teekessel gibt sich als mehr aus, denn er ist.

5.

Mein Teekessel muss einiges einstecken können.
Mein Teekessel ist einer von des Menschen besten Freunden.

6.

Mein Teekessel hilft beim Essen.
Mein Teekessel hält das Rad in der Fassung.

7.

Mein Teekessel ist im Haushalt unentbehrlich.
Mein Teekessel hilft Zugtieren, Lasten zu bewegen.

8.

Mein Teekessel zeigt den flüssigen Inhalt.
Mein Teekessel sorgt für Helligkeit und gewährt Durchblick.

9.

Mein Teekessel ist beinahe undurchdringlich.
Mein Teekessel ist der Schrecken jedes Karpfenteichs.

10.

Mein Teekessel ist Wohnstatt von Blaublütigen.
Mein Teekessel gehört zu manchen Häusern.

11.

Mein Teekessel lebt im Meer und in fließenden Gewässern.
Mein Teekessel ist als Krankheit eine Geißel der Menschheit.

12.

Mein Teekessel ist schön anzuhören.
Meinen Teekessel möchte man nicht schon wieder hören.

13.

Mein Teekessel ist weisungsbefugt und trägt Verantwortung.
Mein Teekessel hilft Menschen, höher zu kommen, wenn sie zu klein sind.

14.

Mein Teekessel ist das Gehör eines Tiers.
Mein Teekessel hilft, die Suppe zu essen.

15.

Mein Teekessel ist das Ende einer Aufgabe.
Meinen Teekessel mischt der Chemiker.

16.

Meinen Teekessel geben viele nur ungern aus.
Mein Teekessel ist der weiche Kern in einem harten Mantel.

17.

Mein Teekessel ist der Schrecken vieler Frauen.
Meinen Teekessel nehmen aber Frauen am Computer in die Hand.

18.

Mein Teekessel ist ein begehrter sommerlicher Durstlöscher.
Mein Teekessel behütet vor allem Männer.

19.

Mein Teekessel gehört zu einem Vater.
Mein Teekessel gehört in den Werkzeugkasten.

20.

Mein Teekessel ist eine Fingerzier.
Mein Teekessel schließt zwei Boxer ein.

21.

Mein Teekessel lebt in einer großen Stadt.
Mein Teekessel ist ein edles Trinkgefäß.

22.

Mein Teekessel gehört zum Serviergeschirr in jedem Haushalt.
Mein Teekessel verbirgt den Kern.

23.

Mein Teekessel sammelt geheime Informationen.
Mein Teekessel zeigt, was draußen vor sich geht.

24.

Mein Teekessel ist das Stärkste des Baums.
Mein Teekessel gibt an, woher jemand kommt.

25.

Mein Teekessel ist eine farbenprächtige Gratulation.
Mein Teekessel ist ein Vogel, der sich auf seine schnellen Beine verlassen muss.

26.

Meinen Teekessel braucht man auf jedem Schiff.
Mein Teekessel findet sich morgens überall.

27.

Mein Teekessel birgt oft Waschpulver.
Mein Teekessel ist mit Haut bespannt.

28.

Mein Teekessel bringt Gegenstände weit.
Mein Teekessel bedeutet bei Tieren Mutterglück.

Mittelschwere Rätsel

29.

Mein Teekessel hilft beim Hören.
Mein Teekessel hilft beim Schmieden.

30.

Mein Teekessel ist notwendig zum Sehen.
Mein Teekessel ist die Ruhe im Sturm.

31.

Mein Teekessel sagt einiges über den Menschen aus.
Mein Teekessel macht elektronische Zeichen fassbar.

32.

Mein Teekessel versorgt die Menschen mit Nahrung.
Mein Teekessel umschließt Gefiedertes.

33.

Mein Teekessel wächst in der Natur.
Mein Teekessel zeigt sich in der Hand.

34.

Mein Teekessel kann unangenehm sein und zur schnellen Flucht veranlassen.
Mein Teekessel sorgt dafür, dass Schnelles langsam wird.

35.

Mein Teekessel befindet sich über allen Leuten im Haus.
Mein Teekessel sorgt für Wärme.

36.

Auf meinen Teekessel achten vor allem die Frauen.
Mein Teekessel wird von Spielern gelenkt.

37.

Mein Teekessel beherbergt Räume.
Mein Teekessel hilft einem Tier, sich zu erheben.

38.

Für meinen Teekessel braucht man echte Pferde.
Mein Teekessel kommt mit Pferdestärken aus.

39.

Mein Teekessel ist notwendig beim Gehen.
Meinen Teekessel brauchen alle Gärtner.

40.

Mein Teekessel nimmt viele Gedanken und viel Wissen auf.
Bei meinem Teekessel nimmt man die Dinge zur Hand.

41.

Mein Teekessel kann zum Geldausgeben betreten werden.
Mein Teekessel schützt vor Licht und Lärm.

42.

Mein Teekessel informiert und verrät Neuigkeiten.
Mein Teekessel liefert tödlichen Nachschub.

43.

Mein Teekessel wird mit Steinen gespielt.
Mein Teekessel wurde früher mit riesigen Steinen betrieben.

44.

Mein Teekessel wirkt elektrisierend.
Mein Teekessel nimmt gefangen, was gern frei ist.

45.

Mein Teekessel wird betreten und befahren.
Mein Teekessel bedeckt und beschützt.

46.

Mein Teekessel legt sich quer.
Mein Teekessel ist eine süße Belohnung.

47.

Mein Teekessel hilft, schwere Dinge zu bewegen.
Mein Teekessel fasst Handlungen und Dialoge zusammen.

48.

Mein Teekessel war früher in der Schule verbreitet und gefürchtet.
Mein Teekessel findet sich an des Menschen treuestem Begleiter.

49.

Meinen Teekessel finden viele Leute lästig.
Mein Teekessel ist praktisch, etwa um Gartengeräte unterzubringen.

50.

Meinen Teekessel macht so manches Flugzeug in der Luft.
Mein Teekessel hält viele Schuhe zu.

51.

Mein Teekessel gehört zu jeder Blume.
Mein Teekessel darf in keinem Büro fehlen.

52.

Mein Teekessel bestimmt die Richtung.
Mein Teekessel macht den Staat finanziell handlungsfähig.

53.

Mein Teekessel hilft, sich Dinge zu merken.
Mein Teekessel weiß noch wenig und muss sich noch viel merken.

54.

Mein Teekessel verleiht sicheren Gang.
Mein Teekessel erfreut das Auge und hält sich lang.

55.

Mein Teekessel kommt nicht leer daher.
Mein Teekessel bildet sich, wenn sich etwas schnell leert.

56.

Mein Teekessel braucht viele Kisten und Koffer.
Mein Teekessel findet mit viel Pomp statt.

57.

Mein Teekessel liebt die Feuchtigkeit.
Mein Teekessel wird von Kühen, Pferden und Schafen geliebt.

58.

Mein Teekessel kann über Sieg oder Niederlage entscheiden.
Mein Teekessel bringt die Menschen von einem Ort zum anderen.

Schwere Rätsel

59.

Mein Teekessel sorgt für gute Luft.
Mein Teekessel löst etwas aus.

60.

Mein Teekessel hilft beim Schießen.
Mein Teekessel ist flach und manchmal sehr lehrreich.

61.

Mein Teekessel sorgt für Aufteilung.
Mein Teekessel hat schon so manchen Urlaub vorzeitig beendet.

62.

Mein Teekessel überwindet Abgründe.
Mein Teekessel reißt Löcher ins Portemonnaie.

63.

Mein Teekessel beschreibt eine Hälfte der Rinderpopulation.
Mein Teekessel gibt Anweisungen kund.

64.

Mein Teekessel muss mit Anstand behandelt werden.
Meinen Teekessel kann man im Spiel schlagen.

65.

Mein Teekessel hat keine Balken und ist doch belastbar.
Mein Teekessel trifft verschiedene Geschmäcker.

66.

Mein Teekessel verleiht Durchsetzungskraft.
Mein Teekessel ist süß, wenn er aufgespalten ist

67.

Mein Teekessel hält das Licht.
Mein Teekessel hält sich zurück.

68.

Mein Teekessel ist das Motiv.
Mein Teekessel ist die feste Basis.

69.

Mein Teekessel wohnt dort, wo die Ebenen tief liegen.
Mein Teekessel hilft, den Faserbrei zu zerkleinern.

70.

Mein Teekessel kann wachsen.
Meinen Teekessel bringt man mit Schlägen zum Verschwinden.

71.

Mein Teekessel kommt ungebeten ins Haus.

Mein Teekessel liegt da und wartet, dass man kommt und genießt.

72.

Mein Teekessel ist erlogen, aber lustig.

Mein Teekessel ist bewohnt, doch nicht von Tieren.

73.

Mein Teekessel ist die Beschäftigung von einzelnen.

Mein Teekessel hat eine herausragende Position.

74.

Mein Teekessel zeigt das, was ist.

Mein Teekessel zeigt, dass man ein Tier von hinten sieht.

75.

Mein Teekessel zeigt an und signalisiert.

Mein Teekessel will genau betrachtet und bearbeitet werden.

4. Scherzfragen

Manchmal muss man sie wörtlich nehmen, um auf die Lösung zu kommen, und manchmal hilft freies Assoziieren. Scherzfragen sind deshalb so überaus beliebt, weil sie das vordergründig Selbstverständliche mit dem Wortsinn der Aussage enttarnen, oder weil sie mit bloßen Wörtern auf die gedanklichen Verbindungen bauen. Die Antworten jedenfalls sind immer eine Überraschung.

Leichte Rätsel

1.
Was kann man noch halten, auch wenn man es jemandem gegeben hat?

2.
Wer hat Zähne und kann nicht beißen?

3.
Was ist das? Früher ein Baum, hat es noch immer viele Blätter, ohne ein Baum zu sein.

4.
Es hat Haare wie eine Katze, fängt Mäuse wie eine Katze, sieht aus wie eine Katze, ist aber doch keine Katze. Was ist das?

5.
Welcher Knecht verlangt keinen Lohn?

6.
Was bekommt man, wenn man einen Elefanten mit einem Känguru kreuzt?

7.
Wie lassen sich im Kinosaal die Popcornrückstände der Besucher am effektivsten beseitigen?

8.
Aus welchen Gläsern kann man nicht trinken?

9.

Was für Haare hat ein alter Fuchs?

10.

Welcher Mann ist wirklich geschickt?

11.

Was machen vergessliche Menschen nach dem Duschen?

12.

Was ist das? Es hat zwei Eingänge, und man ist erst dann richtig drin, wenn man mit beiden Füßen wieder draußen ist.

13.

Wer muss Gläser tragen, obwohl er nicht schlecht sieht?

14.

Was ist schlimmer als ein böser Mensch?

15.

Weshalb kann man Mäuse nicht melken?

16.

Welche Kunden haben es besonders eilig?

17.

Welcher Hase springt nie vom 3-Meter-Brett?

18.

Wo ist man schon drin, wenn man nur davor steht?

19.
Was gibt es in dem Augenblick nicht mehr, in dem man es ausspricht?

20.
Was erwacht, wenn man schläft und schläft, wenn man erwacht?

21.
Welches Kleidungsstück findet die meisten Abnehmer?

22.
Was hilft gegen Schimmel in der Küche?

23.
Welche Fotografen haben sich auf Vögel spezialisiert?

24.
Was ist eine sichtbare Eigenschaft von Wasser?

25.
Was waren die letzten Worte eines Speerwurflehrers?

26.
Sie sind rot, wenn sie noch grün sind.

27.
Welchen Garten kann man nicht umgraben?

28.
Legt alles, was Federn hat, Eier?

Mittelschwere Rätsel

29.
Welcher Handwerker kann sich über die Tatsache freuen, dass der Absatz nicht stimmt?

30.
Womit fangen Kopfschmerzen immer an?

31.
Wie kann man beim Schreiben Tinte sparen?

32.
Alle Hundefreunde aufgepasst: Welcher Hund kann höher springen als ein Haus?

33.
Was ist gerade und doch ungerade?

34.
Was ist ein Vogel ohne Federn?

35.
Wann ist die Butter am fröhlichsten?

36.
Wer hat 21 Augen und kann doch nichts sehen?

37.
Wie nennt man die Lebensbeschreibung eines PKW?

38.

Was ist ein Gotteshaus für Lehrlinge?

39.

Wie viel wiegt der Mond?

40.

Wie lassen sich Papiertaschentücher sparen?

41.

In welchem Zeitabschnitt arbeiten gelehrte Leute?

42.

Welche Leute tragen die größten Schuhe?

43.

Was macht ein Schwimmer in Badehose auf dem Eisberg?

44.

Wie kann man den Weg abkürzen, wenn man mit dem Bus fährt?

45.

Ein Anrufer beschwert sich beim Fernsehsender, dass beim heutigen Tierfilm der Ton ausgefallen sei. Was hat er falsch gemacht?

46.

Wann fällt es leichter, auf Schminke und Lippenstift zu verzichten?

47.

Was fragt ein Elch einen anderen Elch?

48.
Wann sagt ein Eskimo „Guten Morgen"?

49.
Was ist eine Fliege in der Suppe?

50.
Was sind zwei Fliegen in der Suppe?

51.
Was sind schließlich drei Fliegen in der Suppe?

52.
In welchem Monat kommen die meisten Kinder zur Welt?

Schwere Rätsel

53.
Wie ist der Kupferdraht entstanden?

54.
Wissen Sie, wie lange Fische leben?

55.
Woran scheitern Ärztedemonstrationen?

56.
Was kann man tun, wenn man Angst hat, dass eine Bombe im Flugzeug ist, in dem man reist?

57.
Welche Kerze brennt länger, eine rote oder eine weiße?

58.
Was ist tiefer, Teller oder Tasse?

59.
Was ist das: Eine Feuerwehr, hinter der Feuerwehr ein Krankenwagen, dahinter ein Polizeiauto und danach ein Pferd.

60.
Was steht auf dem Grabstein einer Putzfrau?

61.
Was sagte sich der Architekt, der in Pisa den „Torre pendente“ entwarf?

62.
Wie fühlt man sich nach einer Knoblauchdiät?

63.
Wie heißen Wüstenbewohner nicht?

64.
Wie viele Tore gibt es in der Regel beim letzten Spiel der Saison in der Ersten Fußball-Bundesliga?

65.
Was ist das, wenn jemand einen Sturz aus dem dritten Stock gut übersteht?

66.

Was ist das, wenn man zum zweiten Mal aus dem dritten Stock fällt und unversehrt unten ankommt?

67.

Was verliert man gern?

68.

Was verliert man vor allem in asiatischen Ländern nicht gern?

69.

Wenn zwei Männer zwei Stunden brauchen, um eine Mauer zu errichten, wie lange brauchen dann fünf Männer?

70.

Wenn man Stimmen hört, ohne jemanden zu sehen, gilt das als ein Zeichen für Wahnvorstellungen. Wo aber ist das ganz normal?

71.

Manche Menschen konnten ihren Namen schon rückwärts aufsagen, als sie noch ganz klein waren. Welche?

72.

Was halten die meisten Menschen von einer Tasse Kaffee?

73.

Wer war der erste Dichter auf der Welt?

74.

Kann man mit grüner Tinte rot schreiben?

75.
Welcher Mann hat immer zwei Raubtiere im Gesicht?

76.
Was für eine Zeit ist, wenn ein Elefant auf dem Gartentor sitzt?

77.
Welche Vögel hören schlecht?

78.
Wer ist schneller, das Kaninchen oder der Adler?

79.
Wer waren die ersten Politiker?

80.
Was kann selbst der stärkste Mensch nicht?

81.
In welche Flaschen kann man nichts einfüllen?

82.
Wie kann man Strom sparen?

83.
Wie kann man beim Lesen Zeit sparen?

84.
Wenn man den Bundeskanzler, einen Zahnarzt und einen Nachtwächter zusammenzählt, was gibt das?

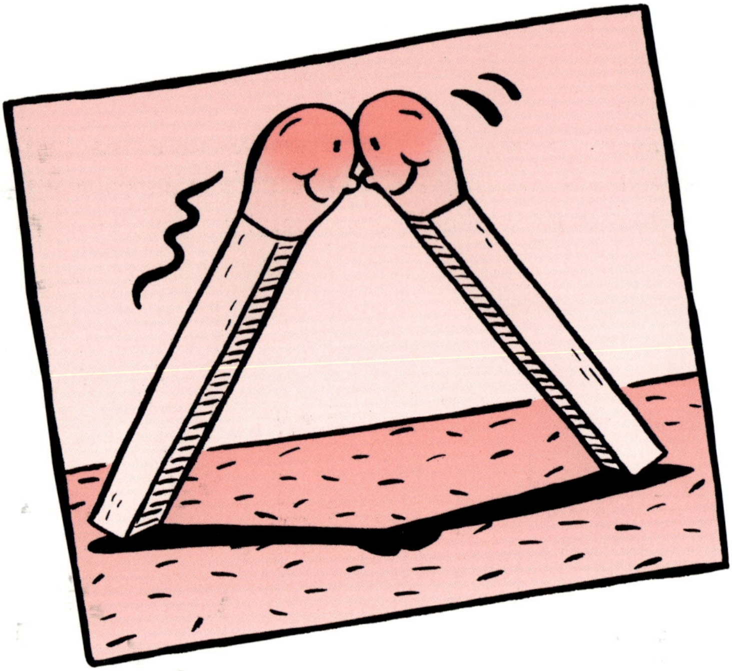

5. Streichholzrätsel

Früher fanden sich in jedem Haushalt Streichhölzer, denn es gab immer eine Kerze oder sogar das Herdfeuer anzuzünden. Aus Streichhölzern Bilder und Rätsel zu legen hat also eine lange Tradition. Auch heute bieten diese kniffligen Legespiele noch jede Menge Spaß, und oft sind es nur kleine Veränderungen, die Großes bewirken. Räumliches Denkvermögen und ein wenig Fantasie sind hier gefragt.

Leichte Rätsel

1. Das glückliche Schwein

Dieses Schwein besteht aus 15 Streichhölzern und sieht recht traurig aus. Doch mit wenigen Veränderungen wird ein glückliches Schwein daraus. Was muss verändert werden?

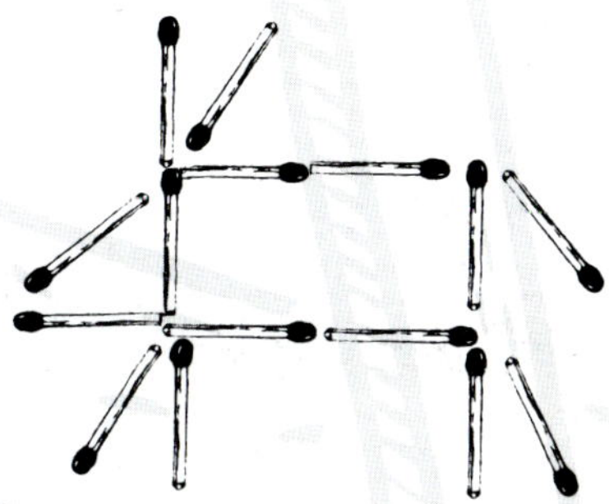

2. Aus vier mach eins

Nur vier Streichhölzer dürfen verändert werden, um aus diesem Bild eins zu machen.

3. Aus vier mach sieben

Wie kann man aus vier Zündhölzern sieben machen, ohne sie zu zerbrechen?

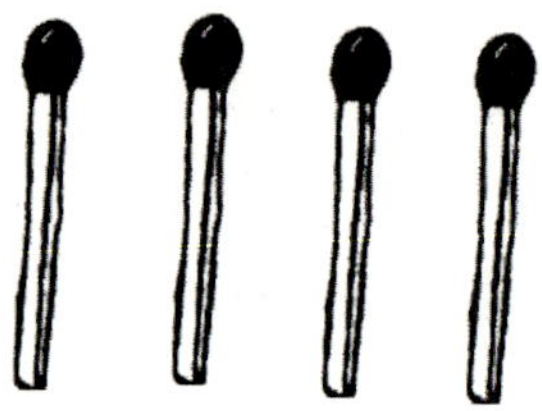

4. Aus vier mach fünf

Wie können die 16 Streichhölzer dieser vier Quadrate so angeordnet werden, dass aus ihnen fünf Quadrate entstehen?

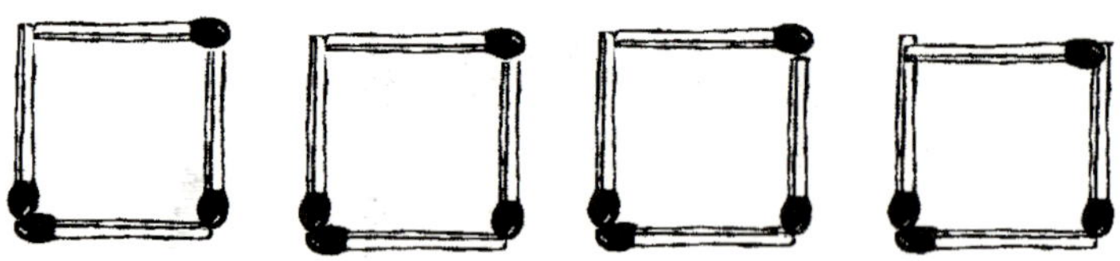

5. Streichholzgleichung (1)

Diese Gleichung mit römischen Zahlen stimmt nicht, doch man muss nur ein Streichholz umlegen, dass sie richtig ist.

6. Der griechische Tempel

Aus elf Streichhölzern besteht dieser griechische Tempel. Welche beiden Hölzchen muss man umlegen, um elf Quadrate zu erhalten?

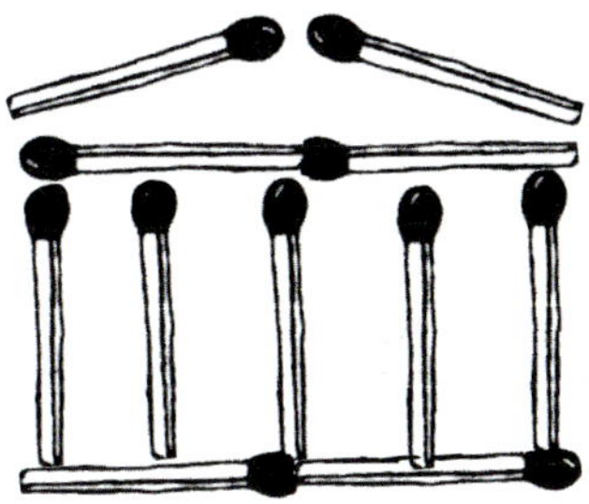

7. Der Esel

Wie legt man aus 13 Streichhölzern einen Esel?

8. Das Haus

Dieses solide Haus wurde aus zehn Streichhölzern gebaut, doch leider ist die Stirnseite auf der falschen Seite. Wie muss es umgebaut werden, dass die Stirnseite auf der anderen Seite ist?

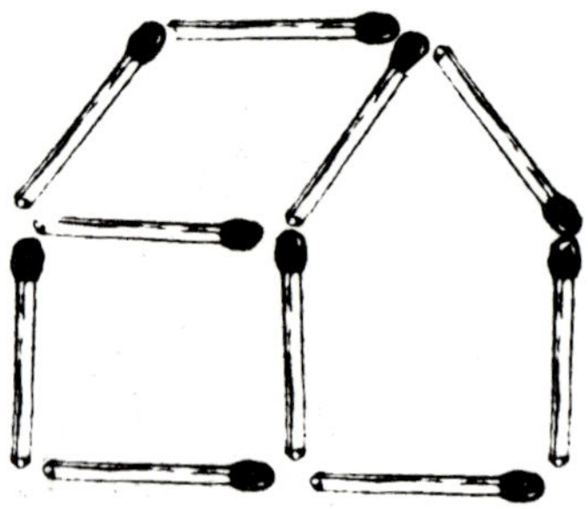

9. Streichholzgleichung (2)

Diese einfache Rechnung zeigt, dass eins und eins zwei ergibt. Doch wenn nur ein Streichholz an diesem Bild verändert wird, ist das Ergebnis 139.

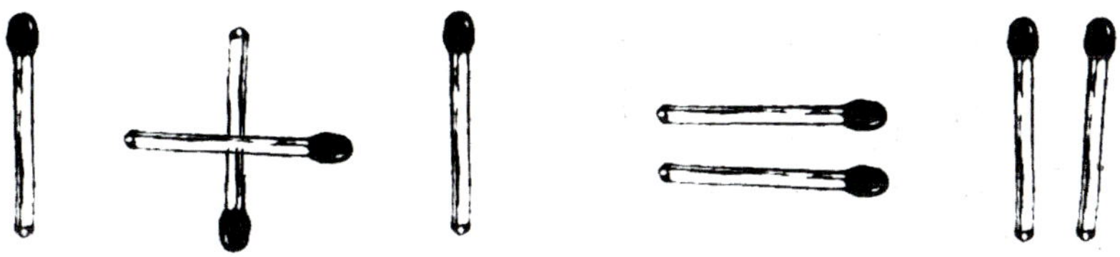

10. Fünf Dreiecke

Aus 18 Streichhölzern bestehen diese neun kleinen Dreiecke, die ein großes Dreieck bilden. Nimmt man fünf Streichhölzer weg, so bleiben noch fünf kleine Dreiecke. Welche Hölzer müssen weg?

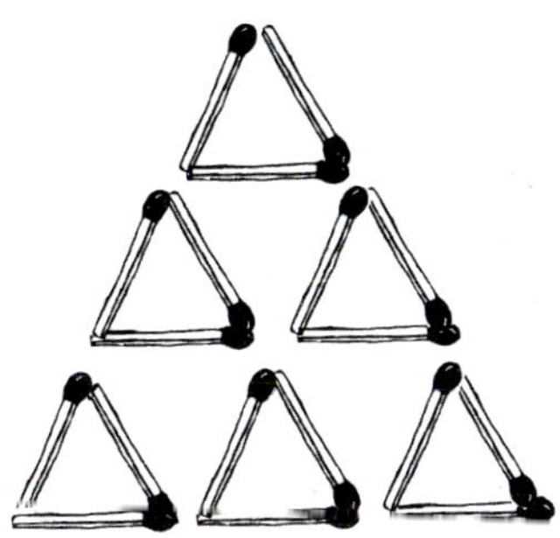

Mittelschwere Rätsel

11. Die tickende Wanduhr

Wie lässt sich aus fünf Streichhölzern eine tickende Wanduhr darstellen?

12. Der Weihnachtsstern

Dieser Weihnachtsstern besteht aus großen und kleinen Dreiecken und hat sechs Zacken. Durch Umlegen von sechs Hölzchen lässt sich ein ebenso schöner Weihnachtsstern legen, der statt aus Dreiecken aus Rauten besteht. Wie geht das?

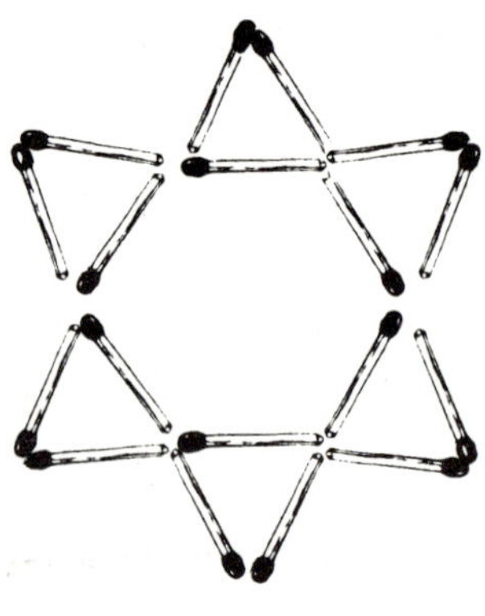

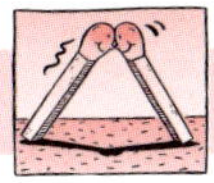

13. Aus neun mach fünf

Wie kann man aus neun Streichhölzern fünf Quadrate legen?

14. Sieben Quadrate

Diese acht Quadrate bestehen aus 22 Streichhölzchen. Wie kann man durch Versetzen von nur zwei Streichhölzchen sieben Quadrate daraus machen?

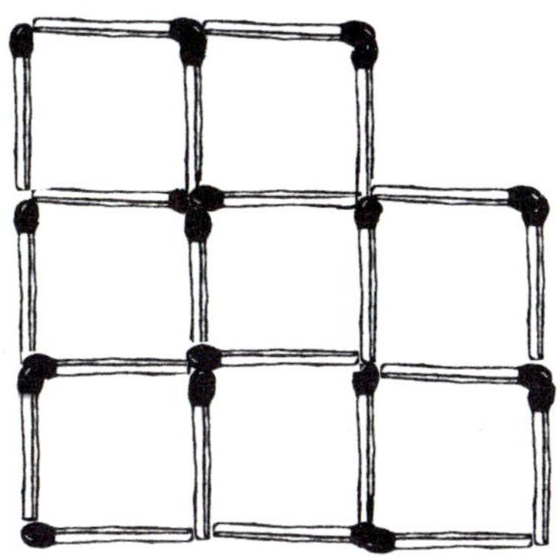

15. Der Name

Aus Langeweile hat Hans seinen Namen mit Streichhölzern auf den Tisch gelegt. Er probiert ein bisschen herum und findet dabei heraus, dass er nur ein paar Streichhölzer umlegen muss, um den Namen seiner Freundin zu schreiben. Wie heißt sie?

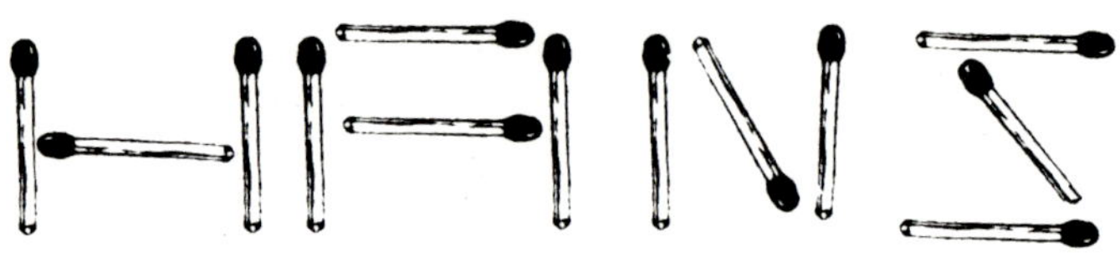

16. Aus zwei mach drei

Aus diesen beiden Quadraten sollen drei gemacht werden, ohne dass die Größe der beiden Quadrate verändert wird. Wie geht das?

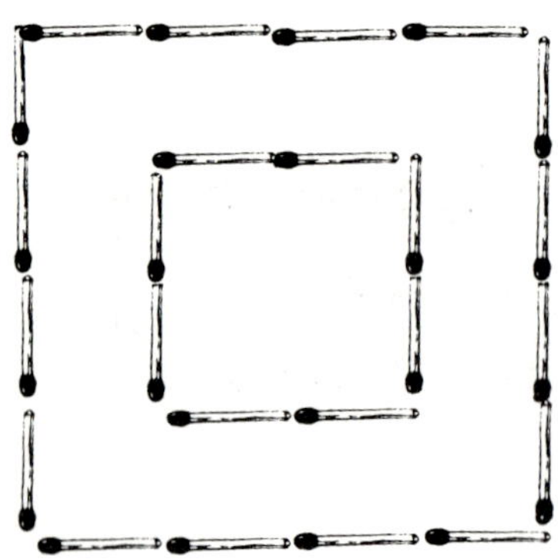

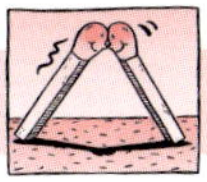

17. Fünf Quadrate

Bei diesem Gebilde dürfen nur zwei Streichhölzer umgelegt werden, dass eine Figur aus fünf gleich großen Quadraten entsteht.

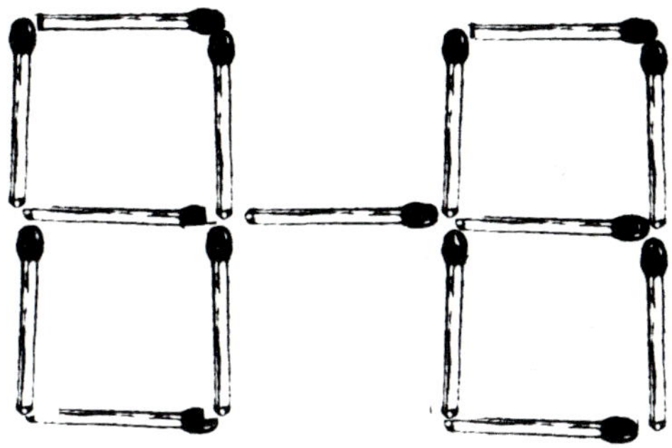

18. Tinte

Wie kann man aus den zwölf Streichhölzern, die hier das Wort „Wein" bilden, durch Umlegen von sieben Hölzern „Tinte" machen?

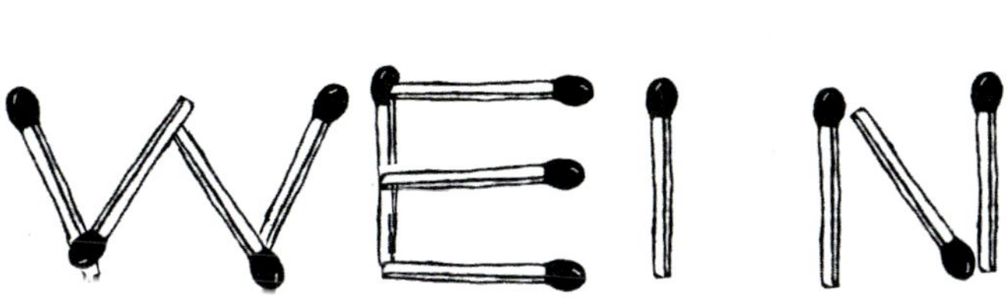

19

19. Der Würfel

Dieser Würfel mit den neun eingeschlossenen Quadraten besteht aus 24 Streichhölzern. Durch Entfernen von sechs Hölzchen können daraus drei Quadrate entstehen.

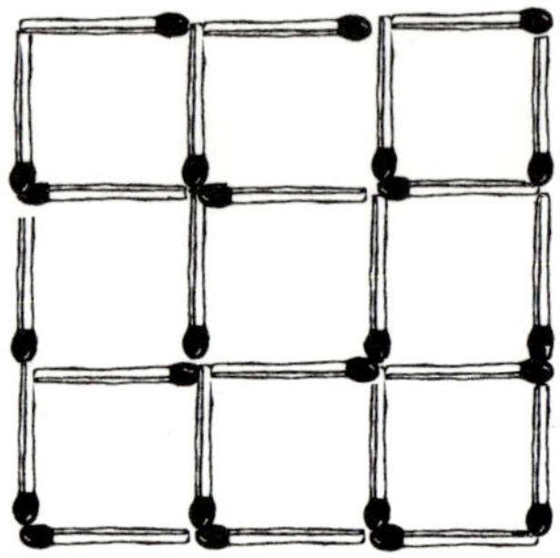

20

20. Große und kleine Quadrate

Wie kann man aus 24 Streichhölzern zwei gleich große Quadrate und ein kleineres Quadrat legen?

21

21. Fragliche Figur

Wie kann eine Figur aussehen, die zwölf Ecken und nur rechte Winkel haben muss und aus zwölf Streichhölzern besteht?

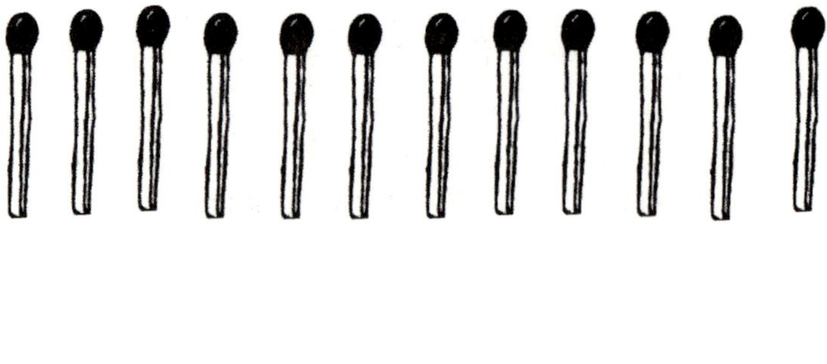

Schwere Rätsel

22. Aus fünf mach vier

Aus den fünf Quadraten sollen durch Umsetzen von möglichst wenigen Streichhölzern vier Quadrate werden. Wie viele Streichhölzer muss man mindestens umlegen?

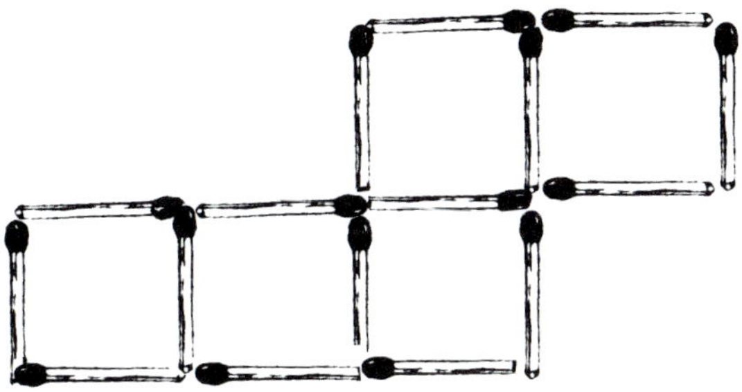

23. Sechs bleibt sechs

Aus 13 Streichhölzern bestehen diese sechs gleich großen Kästchen. Doch dann geht ein Streichholz verloren, und nur noch zwölf sind übrig. Wie kann man sie anordnen, um wiederum sechs gleich große Felder zu erhalten?

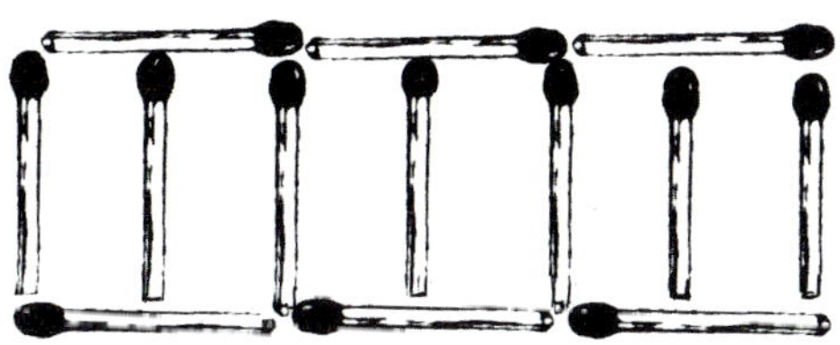

24. Aus fünf mach drei

Diese sechs Streichhölzer bilden insgesamt fünf Quadrate. Durch Umlegen von zwei Streichhölzern entstehen drei Quadrate.

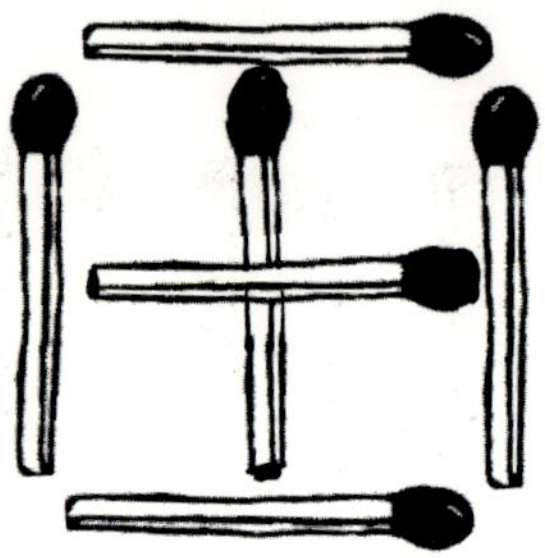

25. Das Kreuz

Zwölf Streichhölzer braucht man für diesen schönen Stern, und vier davon muss man verschieben, um ein Kreuz zu erhalten. Wie sieht das Kreuz aus?

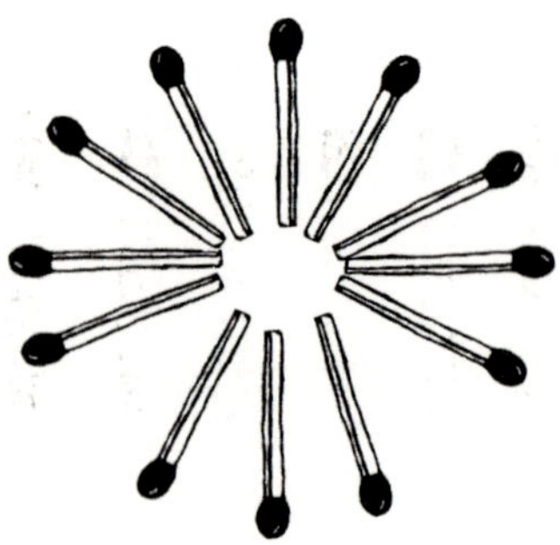

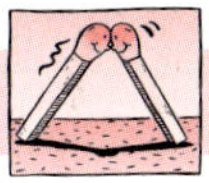

26. Zwei Fünfecke und fünf Dreiecke

Wie kann man aus zehn Streichhölzchen zwei Fünfecke und fünf Dreiecke legen?

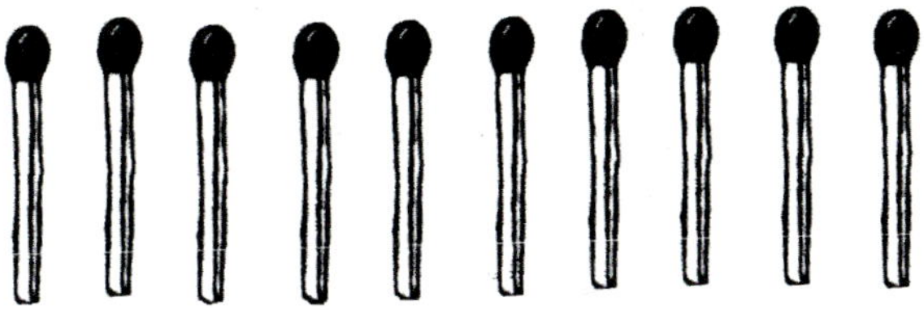

27. Vier Dreiecke

Wie kann man aus sechs Streichhölzern vier gleichseitige Dreiecke legen?

6. Münzrätsel

Mit glänzenden, klingenden Münzen zu spielen macht nicht nur Kindern Spaß. Es besteht ein ganz besonderer Reiz darin, Geldstücke nach bestimmten Mustern und Kriterien umzuordnen und so Aufgaben zu lösen. Manchmal muss man schon ein bisschen länger knobeln und etwas herumprobieren, bis man auf die Lösung kommt, aber die Mühe wird allemal belohnt.

Leichte Rätsel

1. Das Schachbrett

Die neun Münzen auf diesem Schachbrettmuster sollen mit zwei Geraden in drei gleich große Mengen geteilt werden. Wo müssen die beiden Geraden eingezeichnet werden?

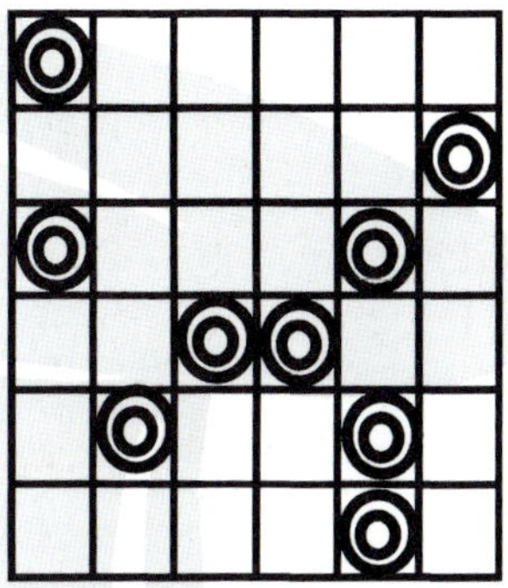

2. Münzstapel

Diese acht nebeneinander liegenden Münzen sollen in vier Zügen zu vier Stapeln à zwei Münzen umgeschichtet werden. Dabei soll jede Münze zwei Münzen (einzelne oder bereits aufeinander liegende) nach rechts oder links überspringen.

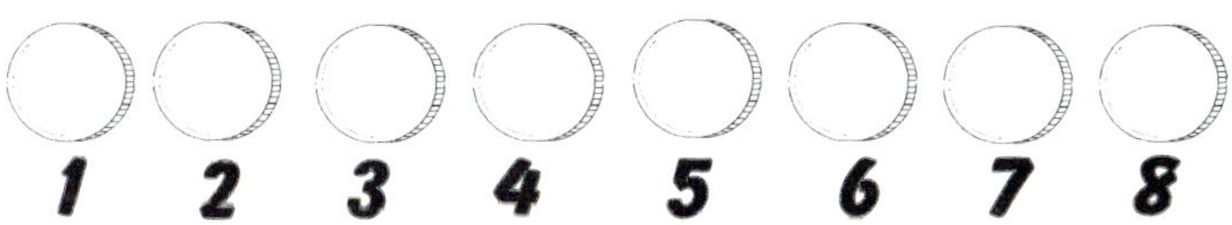

3. Die goldene Mitte

Sechs Münzen liegen so, dass jede Münze zwei oder drei andere Münzen berührt. Jetzt sollen alle Münzen in drei Zügen so umgeordnet werden, dass eine siebte Münze in der Mitte Platz hat.

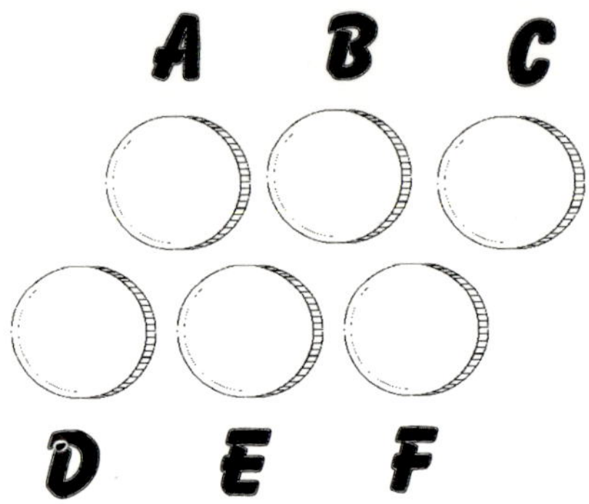

Mittelschwere Rätsel

4. Münzpaare

Diese acht Münzen A, B, C, D, E, F, G, H liegen einträchtig nebeneinander. Nun sollen sie zu Zweiergruppen umgelegt werden. Beim Umordnen der Münzen muss aber jede Münze, die umgelegt wird, zwei andere Münzen überspringen.

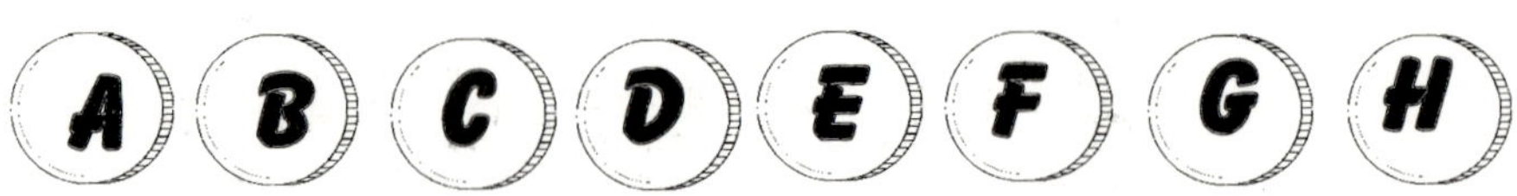

5. Das Kreuz

Wie kann man die sechs Münzen so legen, dass ein Kreuz mit zwei gleich langen Achsen und gleich vielen Münzen pro Achse entsteht?

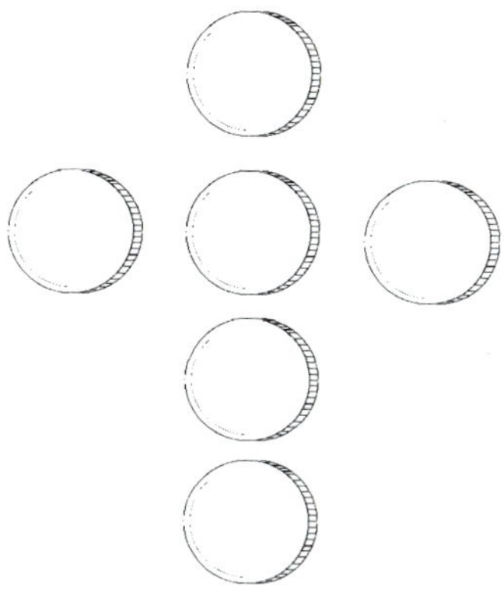

6. Fünf Reihen

Die beiden Reihen mit je fünf Münzen müssen so verschoben werden, dass insgesamt fünf Reihen mit vier Münzen entstehen.

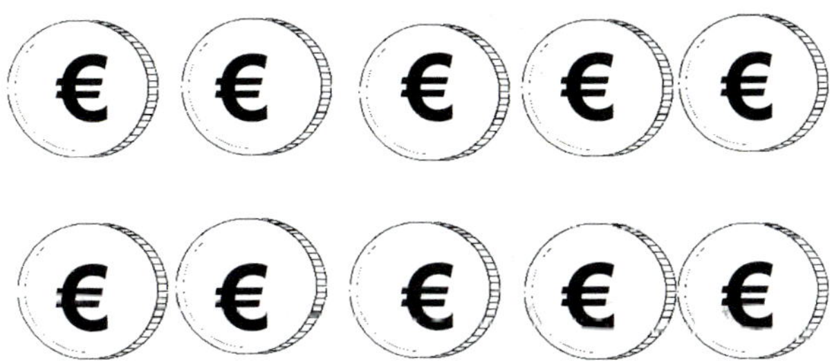

Schwere Rätsel

7. Zehn Geraden

Wie kann man neun Münzen so anordnen, dass sie auf den Linien von zehn Geraden mit je drei Münzen zu liegen kommen?

8. Münz-Solitär

Jeweils drei Münzen liegen neben- und untereinander. Nun überspringt man mit einer Münze eine andere, die dann jeweils vom Spielfeld genommen werden muss. Zum Schluss darf nur eine Münze übrig bleiben – und zwar muss sie auf dem Platz der Münze E liegen.

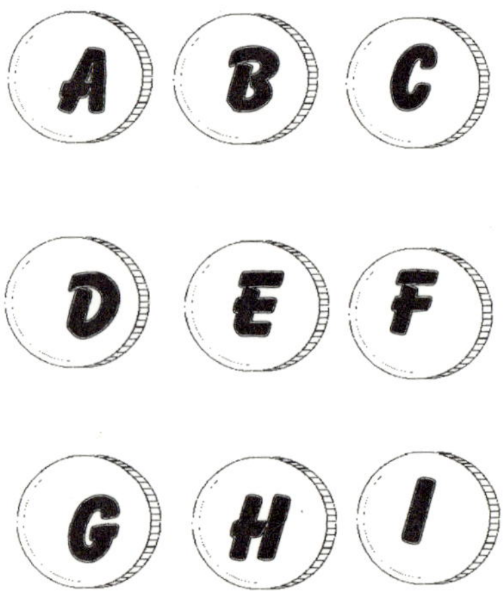

9. Zwölf Münzen

Die zwölf Münzen liegen in drei Spalten zu jeweils vier Münzen. Wie kann man durch Umlegen von drei Münzen erreichen, dass Reihen entstehen, in denen sowohl senkrecht als auch waagrecht jeweils die gleiche Anzahl von Münzen liegt?

10. Neue Reihenfolge

In der oberen Reihe liegen die Münzen in der Reihenfolge A-B-C-D-E-F. Nun sollen die Münzen so umgeordnet werden, dass sie gemäß der unteren Reihe in der Reihenfolge D-E-F-A-B-C liegen. Dabei dürfen die Münzen einander überspringen, oder sie können geschoben werden. Die Münzen A, B und C dürfen sich aber nur von links nach rechts, die Münzen D, E und F dürfen sich nur von rechts nach links bewegen.

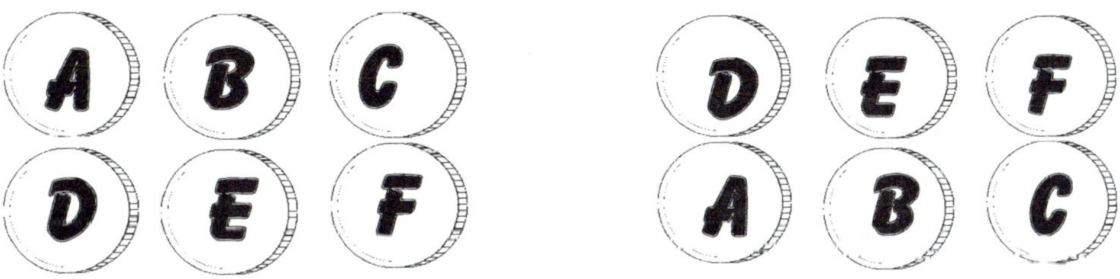

7. Rätselgeschichten

In den kurzen Rätselgeschichten geht es immer darum, zu kombinieren, logisch zu denken und aufzupassen. Denn manchmal versteckt sich in nur einem Wort das entscheidende Detail, das aus einer rätselhaften Geschichte einen „klaren Fall" macht. Hier heißt es also sehr aufmerksam lesen und auf die scheinbar unbedeutenden Kleinigkeiten achten.

Leichte Rätsel

1. Der neue alte Wecker

Juliane hat ein Faible für alte, schöne Dinge, und so ist sie ganz glücklich, als sie auf dem Flohmarkt einen schönen Wecker entdeckt. Der tickt zwar etwas laut, doch sie wird sich schon daran gewöhnen, denkt sie. Da sie den ganzen Tag auf dem riesigen Flohmarkt unterwegs war, beschließt sie, schon um 21 Uhr nach den Nachrichten zu Bett zu gehen. Als Studentin, die in einer Kneipe jobbt, hat sie am nächsten Tag Spätschicht und stellt den Wecker also auf halb elf, um so richtig ausschlafen zu können. Sie weiß, dass sie nicht länger als zehn Stunden schlafen kann, weil sie dann von allein aufwacht.
Wann wird sie also ungefähr aufwachen?

2. Ungewöhnliche Verspätung

Herr Kamber fährt mit seinem Wagen von der Schicht nach Hause. Er arbeitet bei einem Bewachungsunternehmen und hatte Samstag-Spätschicht. Seine Arbeitszeit endete um Mitternacht, so dass bereits der Sonntag angebrochen ist, als er sich auf den gewohnten Heimweg macht. Seit nunmehr einem dreiviertel Jahr arbeitet er in diesem Job, und er nimmt immer denselben Weg nach Hause. Natürlich ist es nicht sein Traumjob, doch wenn man mit 56 Jahren arbeitslos wird, findet man selten noch eine Stelle, die einem wirklich rundherum zusagt. Im Gegenteil, Herr Kamber war froh, überhaupt noch Arbeit gefunden zu haben. Und so nimmt er es gern in Kauf, drei Stunden mit dem Auto unterwegs zu sein. Er leitet schließlich im Schichtdienst die Bewachung einer großen Chemiefirma. Er ist also ganz zufrieden und summt vor sich hin. Die Straßen sind frei, und es liegt ein Frühlingsduft in der Luft.

Herr Kamber fährt gemütlich und sinniert über einiges nach. Schließlich kommt er zu Hause an und ist dann aber doch überrascht, dass er eine gute Stunde länger als sonst für die Rückfahrt gebraucht hat.
Wie kann er sich das erklären?

Mittelschwere Rätsel

3. Das Rennen

Der Automobilclub wollte mit einer spektakulären Aktion auf sich aufmerksam machen. So wurden die beiden besten Formel-I-Fahrer aufgeboten, um auf dem Hockenheimring gegeneinander anzu treten. Doch der Sieger sollte nicht derjenige sein, dessen Fahrzeug als erstes durchs Ziel ging, sondern derjenige, dessen Auto als zweiter die Ziellinie überquerte. So wollte man zeigen, dass man mit Formel-I-Rennwagen auch langsam fahren kann. Doch es kam völlig anders, denn es wurde ein schnelles Rennen.
Warum?

4. Die defekte Uhr

Zum Uhrmacher kommt ein Kunde, der vor einer Woche eine Uhr gekauft hat, und beschwert sich. Es ist eine alte Uhr mit Zifferblatt zum Aufziehen, die er billig erstanden hat. Die Uhr habe er jetzt eine Woche, sagt der Kunde. Er habe sie aufgezogen, in die Nachttischschublade gelegt und als er sie heute Morgen herausgenommen habe, so sagt er, habe er gesehen, dass sie schon acht Stunden nachgehe. Das könne man so nicht sagen, antwortet der Uhrmacher.
Warum?

5. Der Unfallzeuge

Bei der Vernehmung der Unfallzeugen wird auch Herr Krumm zum Unfallhergang befragt. Er gibt zu Protokoll: „Ja, ich kann mich sehr gut erinnern. Ich saß in meinem Wagen an der Ampel und schaute zufällig in die Straße, die schräg links vor mir lag. Da es eben zu regnen aufgehört hatte und die Sonne durchgebrochen war, hatte ich die Scheibe heruntergelassen. Ich kann mich ganz genau an den schönen Regenbogen erinnern, der über der ganzen Szene stand. Doch obwohl ich freie Sicht hatte und auch kein vorbeikommendes Fahrzeug meine Sicht behinderte, konnte ich nicht erkennen, was geschah. Ich hörte nur den Knall und wusste, er musste von dort kommen, wo ich hinschaute, doch die tief stehende Sonne blendete mich so, dass ich nur Umrisse erkennen konnte. Tut mir leid, Herr Wachtmeister.“ Doch der Wachtmeister wollte Herrn Krumm nicht glauben.
Warum?

Schwere Rätsel

6. Die Wahrheitsprobe

Dorfrichter Adam war unterwegs zu seiner Cousine. Er fuhr mit der Kutsche morgens los, und am frühen Abend hatte er erst zwei Drittel des Weges zurückgelegt. Also beschloss er, im nächsten Gasthaus einzukehren und vielleicht über Nacht zu bleiben. Der Wirt des Gasthauses war in heller Aufregung, denn ihm war kurz zuvor ein Beutel mit Goldstücken gestohlen worden. Seine Magd hatte frei, und der Koch war krank, so musste er in der Küche stehen und für seine 13 Übernachtungsgäste selbst kochen. In dieser Zeit muss ihm einer der 13 Gäste den Beutel Goldstücke gestohlen haben.

Keiner von ihnen gab jedoch zu, der Dieb zu sein. Dorfrichter Adam hatte Erfahrung mit solch schwierigen Fällen, und so sprach er zum Wirt und zu den 13 Gästen: „Einer von euch muss der Dieb sein, deswegen machen wir nun die Wahrheitsprobe. Hier habe ich ein schwarzes Huhn. Wir verdunkeln nun den Raum, und jeder von euch streicht einer nach dem anderen mit der Hand über das Gefieder des Huhns. Wer eine schwarze Hand bekommt, der ist der Dieb." Tatsächlich fand Dorfrichter Adam so den Dieb. Doch der hatte als einziger keine schwarze Hand.
Wie kann man sich dies erklären?

7. Rendezvous mit einer Unbekannten

Rudi schlenderte durch die Stadt und schaute sich die Schaufenster an. Da sah er plötzlich ein entzückendes Mädchen aus einem Haus kommen. Sie schaute nach oben, winkte einer netten alten Dame zu und rief hoch: „Bis nächste Woche zur gleichen Zeit." Welch eine schöne Szene, und was für ein nettes Mädchen! Rudi nahm sich vor, nächste Woche um die gleiche Zeit wieder hier zu sein. Bis dahin wollte er sich vorbereiten und das Mädchen ansprechen. Irgendein Grund würde ihm schon einfallen. Schnell schaute er auf seine Uhr – und sah, dass sie stehen geblieben war. Er ging noch weiter durch die Straßen, immer auf der Suche, ob er irgendwo eine Uhr finden könnte, doch es war wie verhext – nirgends war eine Uhr. Auch kein Passant kam vorüber, der ihm die Uhrzeit hätte sagen können. So fuhr Rudi schließlich nach Hause und rief die Zeitansage an. Wie aber hat er im Anschluss an diesen Telefonanruf die genaue Uhrzeit herausgefunden, zu der er das bezaubernde Mädchen gesehen hat?

8. Auf Leben und Tod

Im Mittelalter lebte ein Richter, der seine eigene Methode entwickelt hatte, über zweifelhafte Sachverhalte zu urteilen. Wenn nicht ganz klar war, ob der Angeklagte eines schweren Verbrechens schuldig war oder nicht, dann ließ er ihn aus einem vergoldeten Pokal, der mit einem schwarzen Samttuch abgedeckt war, eine Kugel ziehen. In diesem Pokal befanden sich immer zwei gleich große Kugeln, eine helle aus Fichtenholz und eine schwarze aus Ebenholz. Es geschah nicht sehr oft, dass ein Sachverhalt auch am Ende einer Verhandlung noch so verzwickt war, dass der Richter zu dieser Methode greifen musste, doch bisher hatten die Angeklagten stets die schwarze Kugel aus dem Pokal geholt – was ihre Hinrichtung zur Folge hatte. Deswegen wurde gemunkelt, dass sich wohl nur zwei schwarze, aber keine weiße Kugel in dem Pokal befanden.

Eines Tages stand ein gewitzter Dieb und, wie ihm vorgeworfen wurde, Mörder vor dem Richter. Seine Schuld konnte nicht zweifelsfrei bewiesen werden, und vom Grundsatz „Im Zweifel für den Angeklagten" war man noch weit entfernt. Auch dieses Mal sollte eine Art Gottesentscheid über Schuld oder Unschuld befinden. Der Richter ließ den Pokal holen, der Angeklagte fasste hinein und ließ sich Zeit beim Herausholen der Kugel. Was dann geschah, hatte den Freispruch des Angeklagten zur Folge.

Was geschah?

8. Klassische Rätsel

Manche Rätselklassiker sind schon Jahrhunderte alt, etwa die berühmten Orakelfragen, die aus der griechischen und römischen Mythologie bekannt sind. Doch auch ein paar Rätselfragen jüngeren Datums haben schon Klassikerstatus. Sie werden auf der ganzen Welt so oder ähnlich gestellt und gehören zum Wissensschatz vieler Länder.

Leichte Rätsel

1. Das Schachspiel mit den Reiskörnern

Der Kalif von Bagdad mischte sich ab und zu verkleidet unters Volk, um zu sehen, was in seiner Stadt alles geschah. So ging er eines Tages über den Basar und sah einen armen Gelehrten, der alle anderen beim Schachspiel besiegte. Das imponierte ihm, denn er spielte selbst leidenschaftlich gern Schach. So ließ er den Mann in seinen Palast bringen und forderte ihn auf, gegen ihn Schach zu spielen. Als Siegprämie bot der Kalif dem Gelehrten einen Beutel Goldmünzen an. Doch der Gelehrte war nicht nur ein guter Schachspieler, sondern auch ein hervorragender Rechner, und so antwortete er: „Erhabener Kalif, nicht Gold wünsche ich für den Fall meines Sieges. Ich bin ein armer Mann und habe eine viel bescheidenere Bitte. Gebt mir für den Fall meines Sieges über Euch nur Reis. Stellt Euch vor, Ihr legt auf das erste Feld dieses schönen Schachbretts ein Reiskorn, auf das zweite Feld zwei Reiskörner, auf das dritte vier und immer so fort bis zum 64. Feld. Wenn Ihr pro Schachbrett die Anzahl der Reiskörner verdoppelt, so will ich mit dieser Prämie zufrieden sein."
Der Kalif hielt diesen Vorschlag für einen bescheidenen Wunsch und willigte sofort ein. Tatsächlich verlor er die Schachpartie, und mit ihr all sein Hab und Gut. Warum?

2. Die Überfahrt

Ein Zirkusdompteur steht mit einer Ziege, einem Tiger und einem Ballen Heu am Ufer eines Flusses, den er überqueren will. Es gibt keine Fähre, nur ein kleines Ruderboot, in dem er aber außer sich selbst nur ein Tier oder den Heuballen mitnehmen kann. Das Heu darf nicht nass werden, und ebenso weigern sich die Tiere, statt im Boot zu fahren, den Fluss zu durchschwimmen. Dem Zirkusdompteur raucht der Kopf. Wie soll er nur Tiere und Heu wohlbehalten ans andere Ufer bringen? Bleibt der Tiger mit der Ziege allein, frisst er sie. Lässt er die Ziege mit dem Heuballen zurück, bleibt vom Heu nichts mehr übrig. Schließlich wird der Dompteur doch noch Herr dieses Problems, auch wenn es eine Weile dauert, bis er die Lösung findet.

3. Das Land der Lügner und der Wahrhaftigen

Auf dem Weg zur endgültigen Wahrheit und den Menschen, die nie lügen, kommt ein Wanderer an die entscheidende Weggabelung. Ein Weg führt von hier aus ins Land der Wahrhaftigen, der andere ins Land der Lügner. An jedem Weg steht ein Wächter. Einer dieser beiden Wächter kommt aus dem Land der Wahrhaftigen und sagt immer die Wahrheit, der andere kommt aus dem Land der Lügner und lügt immer. Nur eine einzige Frage darf der Wanderer einem der beiden Wächter stellen.
Der Wahrheitssucher will ohne Zweifel auf den Weg, der ins Land der Wahrhaftigen führt, gelangen. Wie muss seine alles entscheidende Frage lauten?

4. Die Aufteilung der Kamele

Nach dem Tod eines angesehenen, aber nicht besonders vermögenden Scheichs musste die Herde von 39 Kamelen unter seinen Kindern verteilt werden. Der erste Sohn sollte nach dem Willen des Verstorbenen die Hälfte der Kamele erben, der zweite Sohn ein Viertel, der dritte Sohn ein Achtel und die Tochter ein Zehn tel. Eine Kamelherde mit 39 Tieren lässt sich allerdings nicht so einfach mathematisch teilen. Guter Rat war teuer, doch zufällig kam ein Gelehrter auf einem Kamel des Weges. Die Hinterbliebene legten ihm das Dilemma dar, und er wusste nach kurzem Überlegen eine Lösung für das Problem.

5. Das Hilfe-ich-brauche-Geld-Telegramm

Ebenfalls zu den Klassikern kann man dieses Rechenrätsel zählen, bei dem ein amerikanischer Sohn aus nicht gerade ärmlichen Familienverhältnissen nach Hause telegrafiert, dass er mehr Geld braucht. Er tut das mit der Rechnung:

$$\begin{array}{r} \text{send} \\ \text{more} \\ \hline \text{money} \end{array}$$

Und damit gibt er auch gleich den Betrag kund, den er braucht: Jeder Buchstabe steht für eine Zahl, gleiche Buchstaben bedeuten also gleiche Zahlen. Diese Art des Fragens hat den Vater so beeindruckt, dass er das Rätsel löst und seinem Sohn sofort das Geld überweist. Wie viel Geld?

6. Der Bücherwurm

Ebenfalls zu den Klassikern zählen kann man das Bücherwurm-Rätsel. Als Schmuck und Wissensschatz jedes Heims galt bis ins vorige Jahrhundert ein Konversationslexikon. In dessen Bänden wurden alle möglichen Themen und Wissensgebiete mehr oder weniger erschöpfend erläutert, so dass man fundiert Konversation über alles Mögliche betreiben konnte. Der klassische Bücherwurm also frisst sich in Ruhe von A bis Z eines solchen 26-bändigen Werkes, wobei jedes Buch sieben Zentimeter dick ist. Wie viele Zentimeter Buch hat er durchquert?

9. Mathematische Rätsel

Rätsel für kluge und flinke Rechner finden sich im folgenden Kapitel. Neben dem „Einmaleins“ der Rechenarten sind bei einigen Rätseln Kombinationsfähigkeit und ein kühler Kopf gefragt. Und manchmal kommt man der Lösung auch dadurch näher, dass man einfach mit einer beliebigen Zahl anfängt zu rechnen oder den Sachverhalt aufzeichnet und so den Lösungsweg entdeckt.

Leichte Rätsel

1. Die Großviehhalle

Mit der Errichtung der neuen Großviehhalle werden drei Zimmereien beauftragt. Firma A schickt 52 Arbeiter für 20 Tage, Firma B 50 Arbeiter für 17,5 Tage und Firma C 24 Arbeiter für 12,5 Tage. Alle drei kosten zusammen DM 2.126.400,–. Wie viel entfällt davon auf jede Firma?

2. Kerzenzauber

Wenn man aus drei Kerzenstummeln jeweils eine neue Kerze gewinnen kann, wie viele Kerzen erhält man zum Schluss aus neun Kerzen?

3. Der Brieftaubenzüchter

Albert ist ein erfolgreicher Brieftaubenzüchter. Ab und zu fährt er mit all seinen Tauben einige Hundert Kilometer weg und lässt sie in Richtung Heimat starten. Doch er lässt nie alle auf einmal fliegen, sondern genau um zwölf Uhr die Hälfte aller Tauben, um 13 Uhr wieder die Hälfte der restlichen Tauben, eine Stunde später die Hälfte der jetzt noch verbliebenen Tauben usw. Um 18 Uhr schließlich schickt er die letzte Taube auf den Weg. Wie viele Tauben hat Albert?

4. Die Mäusejagd

Der Hausherr erwacht, als er ein großes Gepolter aus der Küche hört. Er dreht sich um und bemerkt, dass seine Frau nicht im Bett liegt. Er hastet in die Küche und sieht, wie seine Frau hinter dem Hund herrennt, der vier Katzen nachjagt, die jeweils drei junge Katzen dabeihaben.

Die sind wiederum hinter vier Mäusepärchen her, die mit je sechs jungen Mäusen um ihr Leben rennen. Wie viele Beine sind in der Küche also in Bewegung?

5. Das Schachturnier

Bei einem Schachturnier treten 64 Spieler an. Wie viele Spiele müssen gespielt werden, bis alle gegen alle gespielt haben und ein Sieger feststeht?

6. Der Gartenzaun

Ein Garten ist mit 16 Pfählen eingezäunt, wie viele Pfähle stehen also auf jeder Seite?

7. Die Busreise

Die dreitägige Busreise der Volkshochschule Gelsenkirchen führte in den Bayerischen Wald und verschlang insgesamt DM 80.000,–. Auf jeden einzelnen Teilnehmer der Reise entfiel eine Summe, die doppelt so hoch war wie die Anzahl der Teilnehmer an der gesamten Reise. Wie viele nahmen an der Reise teil, und wie viel musste jeder bezahlen?

8. Der Ententeich

An einem künstlich angelegten Teich schnattern viele Enten aufgeregt durchs Wasser. Ein Spaziergänger versucht, die Enten zu zählen, doch es gelingt ihm nicht. Also fragt er den Besitzer, wie viele Enten das wohl seien. Der antwortet: „Wenn es dreimal so viel Enten wären, wie es tatsächlich sind, und noch vier Erpel dazukämen, dann wären es 100 Enten und Erpel." Wie viel Geflügel ist es also, wenn tatsächlich nur Enten auf dem Teich sind?

9. Zahlenkombination

Was kann man machen, dass eine Kombination aus den Zahlen 3, 1 und 6 hintereinander geschrieben durch 7 teilbar ist?

10. Die Altersangabe

Herr Meinzer hatte eine Schildkröte und eine Katze. Als seine neue Nachbarin zu ihrem Antrittsbesuch vorbeikam und sie gemeinsam bei Kaffee und Kuchen in der Küche saßen, erkundigte sie sich natürlich auch nach dem Alter der beiden Tiere. Herr Meinzer seinerseits wollte etwas über die geistige Fitness seiner neuen Nachbarin in Erfahrung bringen und antwortete ihr: „Die Schildkröte war vor fünf Jahren fünfmal so alt wie die Katze, inzwischen aber ist sie nur mehr dreimal so alt." Die Nachbarin überlegte kurz und lächelte dann wissend. Ob sie tatsächlich das Alter von Katze und Schildkröte wusste, konnte Herr Meinzernicht in Erfahrung bringen. Dabei ist es ganz einfach, oder?

11. Der Wettlauf

Nina und Christoph laufen um die Wette. Beim 100-Meter-Lauf ist Nina tatsächlich schneller als Christoph und kommt mit zehn Metern Vorsprung ins Ziel. Doch Christoph verlangt Revanche, und Nina geht beim nächsten Lauf sogar zehn Meter weiter zurück, um Christoph einen Vorsprung zu geben. Wer gewinnt diesen Lauf?

12. Stahlreifen

In der Eisengießerei liegen in einem langen Regal in drei gleich langen Reihen Stahlreifen dicht an dicht. In der untersten Reihe liegen die kleinsten, in der mittleren die mittelgroßen, und in der obersten die größten Stahlreifen. In der mittleren Reihe liegen 16

Reifen weniger als in der untersten und in der obersten nur die Hälfte der Reifen der untersten Reihe. Wie viele Stahlreifen sind es also?

13. Rechensprint

Wie kann man die Zahlen von 1 bis 10.000 am schnellsten zusammenzählen?

14. Geldschieberei

Hans und Franz hatten jeder ein paar Markstücke in der Tasche und rannten zum Süßwarenladen. Dabei malten sie sich aus, was sie alles von ihrem Geld kaufen wollten. Doch Hans hatte mehr Markstücke in der Tasche. Er sagte zu Franz: „Wenn du mir noch ein Markstück gibst, habe ich genau doppelt so viele wie du. Wenn ich dir aber eines gebe, dann haben wir genau gleich viel.“ Wie viele Markstücke haben die beiden also?

15. Die Funkuhr

Heutzutage gibt es Atomuhren, die unglaublich präzise sind. Nach einer solchen sehr genauen Uhr werden Funkuhren gestellt. Wenn man nun bei einer Armbanduhr feststellt, dass sie pro Stunde drei Minuten langsamer, bei einer anderen, dass sie zwei Minuten schneller ist als die Funkuhr, wie viel Zeit ist vergangen, bis die Differenz der beiden Uhren genau zwei Stunden beträgt?

16. Der Flipperautomat

In einem Flipperautomaten stehen fünf Scheiben, auf die der Spieler treffen muss. Die Scheiben haben die Werte 39, 24, 17, 16 und 23. Es ist nicht gerade einfach, mit der Stahlkugel des Flippers immer genau auf die gewünschte Scheibe zu treffen.

Außerdem gibt es innerhalb eines Spiels nur dann einen Extraball, wenn die Treffer auf die Scheiben genau den Punktwert 100 ergeben. Wie oft muss ein Spieler mit der Kugel innerhalb eines Spiels auf welche Scheiben treffen, um den Extraball zu gewinnen?

17. Zahlenreihe (1)

Wie lauten die nächsten Zahlen in der Reihe?

5, 9, 18, 14, 18

18. Die Salami

Wenn man eine Salami nach der gleichnamigen Taktik in 30 Scheiben schneidet, wie viele Schnitte muss man dann machen?

19. Wie gewonnen, so zerronnen

Julia kam tränenüberströmt von Tante Albertine zurück. Auf die Frage, warum sie denn so traurig sei, antwortete sie, dass sie von Tante Albertine Geld geschenkt bekommen hätte und nur noch eine Mark davon habe. Unterwegs nach Hause hatte Julia nämlich ihre ältere Schwester Sabine getroffen, die die Hälfte des Geldes und eine Mark mehr von ihr forderte, denn sie sei ja schließlich die ältere. Danach traf Julia Ingrid, von der sie in der Schule immer abschrieb, und die wollte ebenfalls die Hälfte des übrig gebliebenen Geldes plus eine Mark. Schließlich hat sich Julia zum Trost für wiederum die Hälfte des übrig gebliebenen Geldes und eine Mark mehr Schokolade gekauft und gegessen. Wie viel Geld hat sie also von Tante Albertine bekommen?

20. Zahlenreihe (2)

Wie lauten die nächsten Zahlen in der Reihe?

4, 16, 9, 36, 29

Mittelschwere Rätsel

21. Verzwickte Gleichung

Welche Zahlen von null bis neun müssen in die Fragezeichen eingesetzt werden, damit eine richtige Gleichung entsteht? Jede Zahl darf nur einmal eingesetzt werden.

28? + ??4 = 1??3

22. Die kinderreiche Familie

Familie Schneider ist sehr kinderreich, die Eltern Schneider haben insgesamt 15 Kinder, die immer im Abstand von 1,5 Jahren auf die Welt gekommen sind. Als nun eines Tages der Mann von den Elektrizitätswerken zum Strom ablesen kommt und Henrik Schneider, eines der Kinder, fragt, wie alt er denn sei, antwortet Henrik: „Mein Alter ist 3/8 vom Alter meines Bruders Jan, und der ist das älteste von allen Kindern". Wie alt ist Henrik also?

23. Die antike Lampe

Eine antik aussehende Hängelampe kostet mit Ersatzlampenschirm DM 65,–, die Lampe kostet DM 55,– mehr als ein Ersatzschirm. Was kostet also die Lampe nur mit einem Schirm?

24. Der Kegelclub

Das Auszählen in zwei Kegelmannschaften im Kegelsportclub „Alle Neune" war für den Mannschaftsführer oft verdrießlich, stellten sich die Kegelfreunde doch so, dass immer beinahe identische Mannschaften zusammenkamen. Deshalb verfiel er auf den Trick, alle 30 Mitkegler (er war der 31.) im Kreis aufzustellen und dann so lange jeden 13. auszuzählen, bis zwei gleich große Mannschaften entstanden waren. Er selbst stellte sich nicht mit in den

Kreis. Beim ersten Mal klappte das gut und zwei völlig neue Mannschaften entstanden, doch schon beim nächsten Treffen schienen die Mitglieder einen Weg gefunden zu haben, in ihrer „alten“ Formation gegeneinander antreten zu können. Wie mussten sie sich aufstellen, damit beim Auszählen, das immer bei einem bestimmten Mitglied begann, berechenbare Mannschaften entstanden?

25. Arbeitslohn

Wie viel verdient ein Facharbeiter, der bislang 5.000,- DM pro Monat bekommt, wenn er nur noch ein 0,5-tel seines Lohns bekommt?

26. Zahlenfeld (1)

In die neun Felder sollen die Zahlen von eins bis neun so eingetragen werden, dass die Summe waagrecht, senkrecht und diagonal immer 15 ergibt.

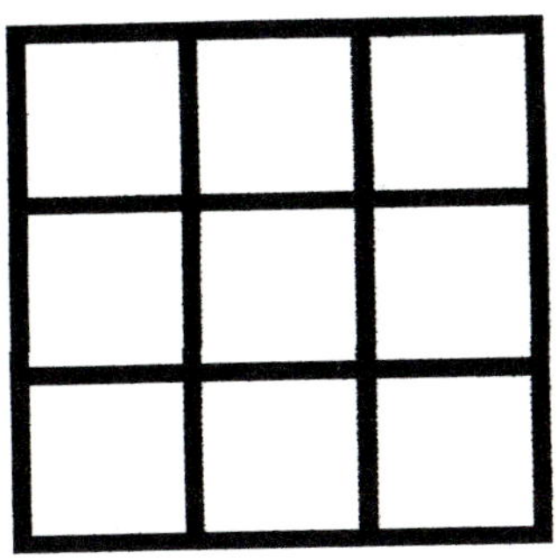

27. Zahlenreihe (3)

Wie lauten die nächsten Zahlen in der Reihe?

2, 4, 3, 9, 11, 10, 30

28. Transsibirische Eisenbahn

Der Zug von Tiflis in Weißrussland nach Archangelsk in Sibirien ist sieben Tage und Nächte unterwegs. Die Strecke ist lang und sehr wichtig, trotzdem fehlt das Geld, sie besser auszubauen und so die Fahrtzeit zu verkürzen. Die Züge sind aber immer voll und täglich fährt sowohl von Archangelsk wie auch von Tiflis zur gleichen Zeit ein Zug in die jeweils andere Richtung los.
Wie vielen dieser Züge begegnet also ein Zugreisender auf seiner langen Fahrt?

29. Die Krähenschar

Eine Schar Krähen flog zum Obstgarten des Bauern Belotti, um sich an seinen Früchten gütlich zu tun. Ein Fünftel der Krähen stürzte sich aufs Erdbeerbeet, ein Drittel machte sich über die Johannisbeeren her, und die dreifache Menge der Differenz der beiden ersten Gruppen entdeckte die ersten reifen Himbeeren. Nur eine Krähe dachte, dass wohl die Früchte des benachbarten Bauern noch besser seien und flog in dessen Garten.
Aus wie vielen Krähen bestand die schwarze Schar, die ursprünglich angeflogen kam?

30. Schnelle Rechner

Eine knifflige Frage für angehende Mathematikgenies und alle Zahlentüftler: Wie kann man die Zahlen von 1 bis 100 am schnellsten zusammenzählen?

31. Das Geburtsjahr

Hoffentlich werde ich im nächsten Jahrtausend noch das Jahr erleben, in dem mein Alter die Wurzel der Jahreszahl bildet, denkt sich Stefan. In welchem Jahr wurde er geboren?

32. Die Weinlese

Nach der Weinlese der Erzeugergemeinschaft Brentino/Belluno, bei der alle Bauern die roten Trauben in die bereitgestellten Behälter gefüllt hatten, zeigte sich ein Problem. Sieben Behälter waren ganz voll, sieben waren halb voll, und die restlichen 19 waren leer.

Wie konnten die drei beteiligten Bauern die Trauben gerecht teilen?

33. Viele Geschwister

Moritz ist sehr gut in Mathe, und so antwortet er auf die Frage, wie viele Geschwister er habe: „Ich bin das zehnte Kind der Familie. Die Zahl meiner jüngeren Geschwister verdoppelt gibt vier Drittel eines Viertels meiner Familie."

Wie viele Geschwister hat er also?

34. Apfelsaftschorle

Frau Nussbaumer trinkt ihren Apfelsaft immer nur pur. Das schmecke viel besser, sagt sie. Doch nach langen Jahren möchte sie mal wieder ausprobieren, was die Leute alle an einer Apfelsaftschorle finden. Also füllt sie ihr Glas randvoll mit Apfelsaft und trinkt ein Sechstel des Glases leer. Den Rest füllt sie mit Mineralwasser auf. Diese Mischung findet sie gut. Sie trinkt ein Drittel des Glases und füllt es wieder mit Mineralwasser auf. Auch diese Mischung findet sie nicht schlecht, und sie trinkt das Glas halb leer. Nun gießt sie abermals Mineralwasser nach, bis das Glas wieder voll ist. Jetzt ist ihr der Apfelsaft zu stark verdünnt, aber sie trinkt das Glas dennoch leer.

Hat sie jetzt insgesamt mehr Apfelsaft oder mehr Mineralwasser getrunken?

35. Schreibweise (1)

Wie schreibt man elftausendelfhundertundelf in Ziffern?

36. Die Marzipankugeln

In einer Schachtel liegen auf vier Ebenen insgesamt 16 Marzipankugeln, die genau in die Schachtel passen. In einer zweiten Schachtel dagegen ist nur eine einzige Kugel aus Marzipan. Welche Schachtel enthält mehr Marzipan?

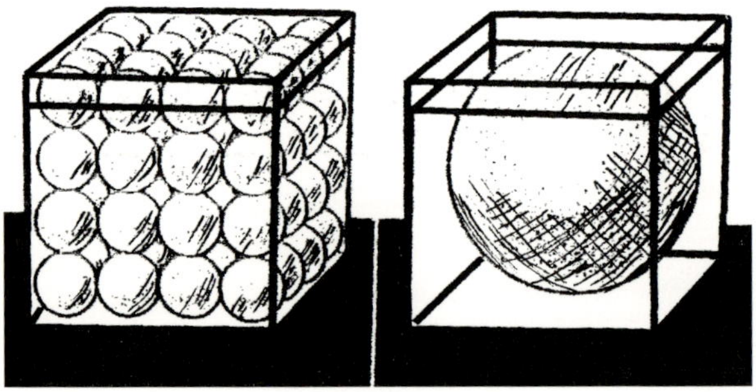

37. Im Wirtshaus

Der Landjugendverein Mochenwangen saß nach dem gemeinsamen Kinobesuch im Wirtshaus Engel an einem großen Tisch. Der Wirt kannte die jungen Leute gut, und da es ruhig in der Wirtschaft war, setzte er sich rechts am Kopfende des Tisches dazu. Sie saßen nun so, wie man auf der Zeichnung sehen kann.

Nachdem sie lange geredet und etliche Gläser Bier getrunken hatten, wurde es Zeit, aufzubrechen. Einer in der Runde schlug vor,

dass man durch Auszählen bestimmen sollte, wer die ganze Zeche zu bezahlen hatte. Jeder Siebte am Tisch, einschließlich Wirt, scheide beim Auszählen aus, wer zuletzt übrigbleibe, müsse alles zahlen.
Alle fanden die Idee gut, und so begann das Auszählen bei dem jungen Mann, der den Vorschlag gemacht hatte, und ging im Uhrzeigersinn weiter. Bezahlen musste am Ende der Wirt. Auf welchem Platz saß der junge Mann, bei dem das Auszählen begann?

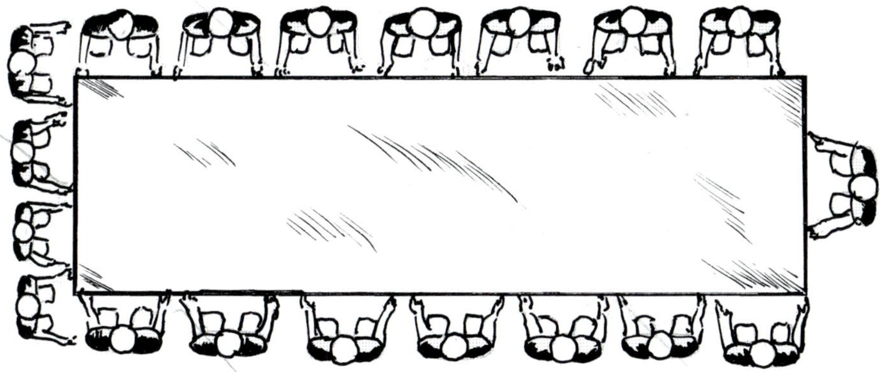

38. Der ältere Bruder

Sebastian dachte: Mein Bruder ist gerade 20 geworden. Er ist also doppelt so alt wie ich war, als er so alt war, wie ich jetzt bin. Wie alt ist Sebastian?

39. Der Zeitungsbote

Rentner Willi bekam fürs Austragen der Zeitungen an fünf Tagen in der Woche jeden Tag 30 Mark, und das schon seit drei Jahren. Nun wollte er endlich mehr verdienen, und so ging er zum Verlag und verlangte, dass er jeden Tag eine Mark mehr bekäme. Das wurde ihm sofort zugesagt. Wie viel verdiente Willi; jetzt pro Woche?

40. Schreibweise (2)

Wie kann man die Zahl „Eintausend“ ohne Nullen in Ziffern schreiben?

41. Zahlenreihe (4)

Welche Zahl folgt in der Reihe: 1, 3, 7, 13?

42. Zahlensymbole

Welche Zahlen müssen für die Symbole eingesetzt werden, damit die Gleichung stimmt?

ø@¤(c) – ¤6@ø = ¤(c)8¤

43. Hemden bügeln

Sechs Büglerinnen bügeln sechs Hemden in sechs Minuten. Wie viele Büglerinnen braucht man, um 80 Hemden in 48 Minuten zu bügeln?

44. Zahlenfeld (2)

In die freien Felder sollen die Zahlen eins bis sieben so eingetragen werden, dass durch die Addition der Zahlen in den senkrecht und waagrecht miteinander verbundenen Feldern das gleiche Ergebnis zustande kommt.

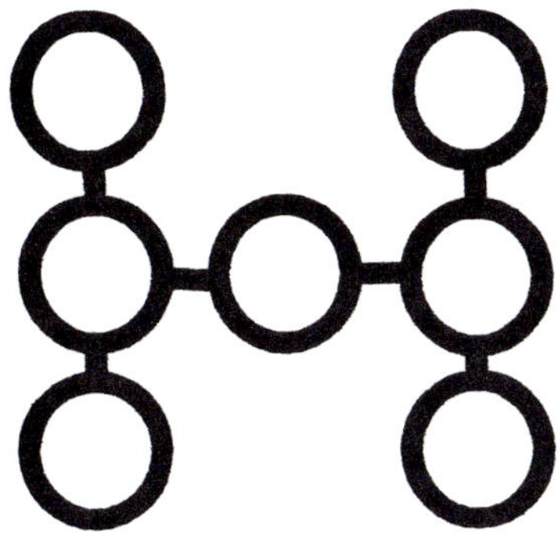

Schwere Rätsel

45. Die Ziegenherde

Herr Geisinger wandert über die Berge und begegnet einem Ziegenhirten mit seiner Herde. Das sind bestimmt tausend Ziegen, denkt er sich. Doch als er den Hirten fragt, antwortet der: „Es sind nicht einmal fünfhundert Tiere. Wenn man sie in Zweier-, Dreier-, Vierer-, Fünfer- oder Sechsergruppen aufteilt, bleibt immer eine Ziege übrig. Wenn man sie aber in Siebenergruppen aufteilt, bleibt keine übrig.“
Wie viele Ziegen sind in der Herde?

46. Zahlenreihe (5)

Welche Zahl folgt in der Zahlenreihe?
2, 5, 11, 23, 47

47. Die Balkenwaage

Wenn man mit einer einfachen Balkenwaage und vier Gewichten

alles, was zwischen 1/4 Pfund und 10 Pfund wiegt, auf 1/4 Pfund genau wiegen will, wie schwer müssen die vier Gewichte sein?

48. Kleingeld

Stefan, David und Moritz haben lauter Markstücke in der Tasche. Die Mutter der drei will nun wissen, wer wie viel hat, aber so einfach wollen sie das nicht sagen.
Stefan sagt: „Wenn ich David sieben Mark gebe und David mir zwei Mark gibt, dann hat er doppelt so viele Markstücke wie ich.“
Moritz sagt: „Wenn ich Stefan 14 Mark gebe, er mir aber eine Mark gibt, dann hat er dreimal so viele Markstücke wie ich.“
Schließlich sagt David: „Wenn ich Moritz drei Mark gebe, dann hat er sechsmal so viele Markstücke wie ich.“
Wie viele Markstücke hat also jeder von ihnen?

49. Gerecht geteilt

David und Pascal hatten Kaugummis geschenkt bekommen. Doch Pascal hatte mehr als David, also gab er David so viele, wie der schon hatte. Doch das war David zu viel und er gab Pascal so viele zurück, wie dieser noch vor sich liegen hatte. Jetzt stimmte gar nichts mehr, denn Pascal hatte jetzt noch mehr als zu Anfang und gab David genau so viele, wie dieser behalten hatte. Jetzt hatten beide 16 Kaugummis vor sich liegen und waren zufrieden. Wie viele Kaugummis hatte jeder von ihnen zu Beginn?

50. Zahlenreihe (6)

Wie geht die Zahlenreihe weiter? 60; 36; 21,60; 12,96

51. Der Uhrensammler

Ein Uhrensammler zog fünf seiner liebsten Stücke zur gleichen

Zeit auf und stellte sie auf die gleiche Uhrzeit ein. Alle fünf Uhren gingen genau, doch die Aufzugsreserve ihrer fünf Laufwerke war verschieden. Der Sammler wartete, bis alle Uhren abgelaufen waren. Uhr A zeigte vier Uhr, Uhr B ein Uhr, Uhr C neun Uhr, Uhr D zehn Uhr und Uhr E vier Uhr. Er schaute sich die Uhren an und wusste, dass sie 27, 23, 18, 30 und 36 Stunden gelaufen waren. Wann hatte er die Uhren aufgezogen?

52. Das Lexikon

Im Regal steht ein siebenbändiges Lexikon in der Band-Reihenfoge 1, 5, 6, 2, 4, 3, 7. Die Bände sollen nun in die richtige Reihenfolge gebracht werden, wobei aber immer nur drei Bücher auf ein mal die nicht untereinander vertauscht werden dürfen, umgestellt werden dürfen. Wie viele und welche Umstellungen sind nötig?

53. Osterhasen

Ein Supermarkteinkäufer kauft Osterhasen aus Krokant und aus Schokolade ein. Die Krokanthasen sind größer und kosten doppelt so viel wie die Schokoladenhasen. Von beiden Sorten kauft der Händler für 1.400 Mark Hasen ein. Nun geht er ins Lager und sieht dort sechs Kartons stehen, auf denen nur die Anzahl der Hasen geschrieben steht, die in den Kartons verpackt sind. Im ersten Karton sind 150 Hasen, im zweiten 80, im dritten 170, im vierten 130, im fünften 190 und im sechsten 310. Er weiß, dass seine Hasen in insgesamt fünf Kartons verpackt sind, getrennt nach Schokoladen- und Krokanthasen. Er rechnet nach und lässt den richtigen Karton stehen. Welchen?

54. Addition

Welche fünf ungeraden Ziffern geben addiert 14?

55. Die Kugelpyramide

Die Kugelpyramide soll so mit Zahlen aufgefüllt werden, dass die Summe der Zahlen aller drei Seiten jeweils die gleiche, und zwar die kleinstmögliche ist.

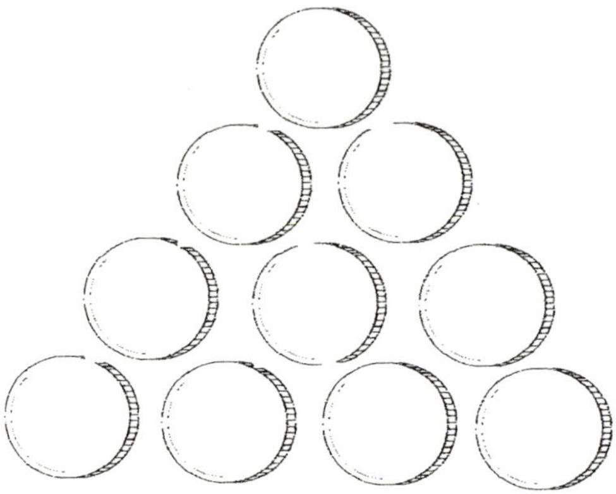

56. Fünf Faktoren

Welche beiden Zahlen, die kleiner als 100 sind, haben mehr als fünf Faktoren?

57. Das Wasserbecken

In der Mitte eines quadratischen Wasserbeckens wächst ein Schilfrohr, das einen halben Meter über den Wasserspiegel ragt. Wenn man das Schilfrohr zum Rand des Beckens zieht, berührt es gerade die Mitte jeder Seite. Wie tief ist das Becken?

58. Der gerechte Tausch

Ein armer Wanderer sprach auf der Straße zwei Männer an, ob sie nicht etwas Geld für ihn hätten. Der eine Mann hatte 10 Mark, der andere 14. Weil sie dem Wanderer nicht all ihr Geld geben wollten, teilten sie es in drei gleiche Teile. Zur Revanche gab der Wanderer den beiden Männern Zigaretten. Dem einen, der 10 Mark hatte, gab er 10 Zigaretten, dem anderen 14. War das gerecht geteilt?

59. Besuch aus der Ferne

Sebastian aus Australien kommt sehr selten zu Besuch, das nächste Mal wieder im Jahr 2004. Er kommt im Februar, weil das eine sehr heiße Zeit in Australien ist, in Europa dagegen ist es kühl, und das gefällt ihm. Sebastian hat einen Bruder. Dieser Bruder ist Pfarrer, und dessen Predigten hört er sich gern an. Damit sich der Besuch lohnt, kommt Sebastian nur, wenn er seinen Bruder an möglichst vielen Sonntagen in der Kirche predigen hören kann. Bewusst hat er also seinen Besuch auf das Jahr 2004 gelegt. Warum? Und wann war er, unter diesen Voraussetzungen, das letzte Mal in Europa zu Besuch?

60. Die Gänseschar

Eine Gänsegruppe flog in der bekannten Keilform Richtung Süden. Hinter der Leitgans flogen zwei nachfolgende Gänse, hinter diesen beiden drei weitere usw. Es waren unter 100 Vögel, und sie ergaben ein vollständiges gleichseitiges Dreieck. Bei der ersten Rast nach acht Stunden Flug fehlten 10 Vögel. Die Gänse teilten sich daraufhin in zwei Gruppen, die ebenfalls wieder als vollständiges gleichseitiges Dreieck am Himmel gen Süden weiterzogen. Wie viele Gänse waren es ursprünglich?

61. Der Getreidetrichter

Das Getreide in diesem Trichter soll in den nächsten Tagen gemahlen werden. Am ersten Tag wird das unterste Viertel des

Trichterinhalts gemahlen, und an den darauf folgenden Tagen jeweils genau gleich viel. Wie viele Tage dauert es, bis der Trichter leer ist?

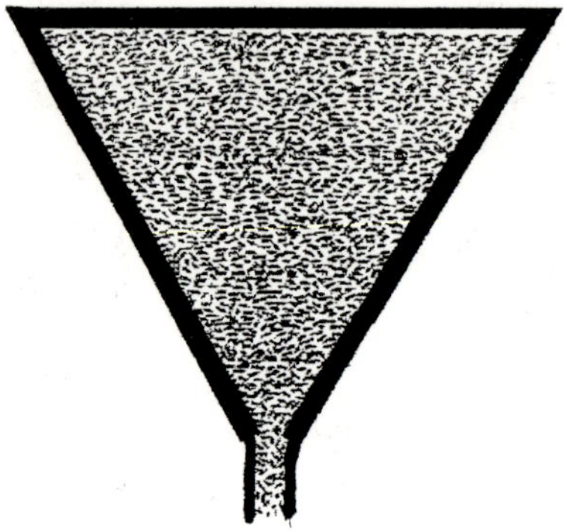

62. Heruntergefallen

Beim Bezahlen im Schnellrestaurant fällt August ein Fünfmarkstück mit dem Durchmesser von 29 Millimeter aus der Hand auf den Boden. Dabei sieht August, dass der Boden mit lauter quadratischen Fliesen der gleichen Größe gekachelt ist. Die Münze bleibt mit ihrer ganzen Fläche auf der Fliese liegen. Als nun August am Tisch des Restaurants sitzt, lässt er zum Ärger der anderen Gäste wieder und wieder ein Fünfmarktstück auf den Boden fallen, um zu sehen, wie oft die Münze auf einer Fliesenfläche liegen bleibt oder aber zwei oder mehrere Fliesen berührt. Er stellt fest, dass die Münze jedes zweite Mal auf der Fläche nur einer Fliese liegen bleibt, ein von zwei Mal jedoch auf mehreren Fliesen gleichzeitig liegen bleibt. Wie groß waren die Fliesen?

63. Zahlenfeld (3)

Wie müssen die Zahlen von eins bis neun in die Felder verteilt werden, dass die Gleichungen stimmen?

□	-	□	=	□
				·
□	:	□	=	□
				=
□	+	□	=	□

10. Rätselhafte Naturwissenschaft

Ob es sich nun um physikalische, chemische oder technische Phänomene oder um Themen aus der Tier- und Pflanzenwelt handelt, man muss kein Wissenschaftler sein, um auf die Lösung dieser Rätselfragen zu kommen. Sie beziehen sich auf Alltägliches, was wir zwar alle kennen, uns jedoch nicht immer erklären können.

Leichte Rätsel

1. Der Metallring

Wie kann man einen geschlossenen Metallring vergrößern, ohne in aufzutrennen, -sägen oder -fräsen?

2. Der Wasserpegel

Wenn in einem Wasserglas drei Eiswürfel schwimmen, die langsam schmelzen, wie verändert sich der Flüssigkeitspegel im Glas, wenn niemand daraus trinkt und man die Verdunstung vernachlässigt?

3. Essig und Öl

Wie kann man Essig und Öl in einer Flasche aufbewahren und dann so portionieren, dass jeder so viel Essig und Öl entnehmen kann, wie er will? Geht das überhaupt?

4. Die Donauschleuse

Ein halb mit Stahl beladener Frachter, der sich gerade in einer randvoll mit Wasser gefüllten Donauschleuse befindet, schlägt leck und fängt schnell an zu sinken. Die Mannschaft und die Schleusenwärter betrachten das Schauspiel mit ungläubigem Staunen, doch sie können nichts unternehmen.

Wird der Wasserspiegel in der Schleuse sinken, gleich bleiben, oder wird Wasser überschwappen?

5. Der Eisblock

Eine eiskalte Frage an alle klugen Nordlichter: Wie kann man ein Stück Schnur durch einen Eisblock bewegen, ohne den Eisblock schmelzen zu müssen?

6. Die Kirchenorgel

In einer wunderschönen alten Kirche steht eine Kirchenorgel. Darin befinden sich zwei Pfeifen von gleicher Länge. Die rechte der beiden Pfeifen ist oben geöffnet, die linke geschlossen. Welche von beiden Pfeifen erklingt tiefer, welche höher?

7. Zwei Schrauben

Die beiden gezeigten Schrauben liegen eng aneinander, so dass die Gewinde ineinander greifen. Wenn nun an einer Schraube gedreht wird und sich die Bewegung auf das Gewinde der anderen Schraube überträgt und sich diese mitdreht, nähern sich die beiden Schraubenköpfe an, entfernen sie sich oder bleibt ihr Abstand gleich?

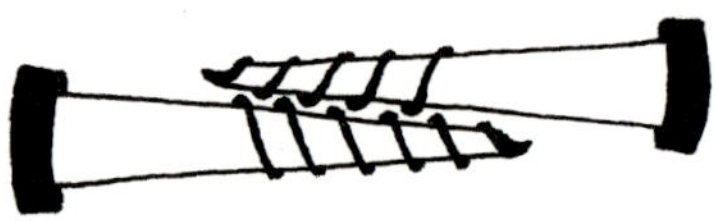

8. Flaschenzug

Eine größere und eine kleinere Rolle, auf denen das Lastseil mit dem Gewicht aufgewickelt ist, sind miteinander über einen Riemen verbunden. Dreht sich nun die rechte, größere Rolle nach links, steigt dann das Gewicht, fällt es oder bleibt es gleich?

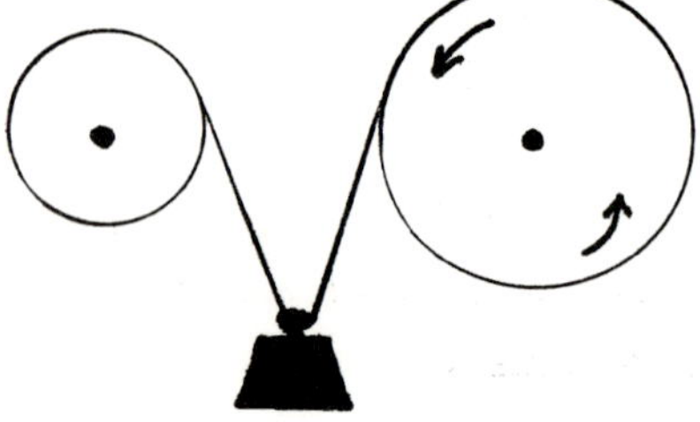

Mittelschwere Rätsel

9. Der Luftballon

Auch ein einfacher Luftballon kann manchmal Rätsel aufgeben: Familie Herrmanns fuhr mit dem Auto vom Jahrmarkt nach Hause. Die Eltern saßen vorn im Wagen, die beiden Kinder hinten. Beide Kinder hatten einen mit Gas gefüllten Luftballon geschenkt bekommen, doch einer war bereits auf dem Jahrmarkt zerplatzt, und nun schwebte der andere im Fahrzeuginneren knapp unterhalb des Dachs. Vater Herrmanns war beschwingt, denn der Tag hatte ihm gefallen, und so fuhr er sportlich. Die Fenster des Autos waren geschlossen, ebenso war die Lüftung ausgeschaltet. Immer wenn nun der Wagen beschleunigte, abbremste oder in die Kurven ging, bewegte sich der gasgefüllte Luftballon auf eine Weise, die die ganze Familie nicht erwartet hätte. Nämlich wie?

10. Tierparade

Was haben die folgenden Tiere gemeinsam?
Holzwurm, Heupferd, Seehund, Seepferdchen, Fledermaus, Silberfischchen.

11. Der Grashüpfer

Welche tiefgreifende und, zumindest heute noch, schwer vorstellbare Veränderung hat sich vollzogen, wenn ein Grashüpfer statt 40 Zentimeter plötzlich nur noch 10,6 Zentimter hoch springt?

12. Das frische Ei

Diese Frage hat sich wohl schon jeder einmal gestellt, der einen Haushalt führt: Wie kann man erkennen, ob ein Ei alt oder frisch ist, ohne es aufzuschlagen?

13. Zwei Mauersteine

Zwei gleich schwere Mauersteine rutschen auf einem schrägen Brett nach unten. Ein Mauerstein liegt auf der schmalen, einer auf der breiten Längsseite. Welcher kommt zuerst unten an?

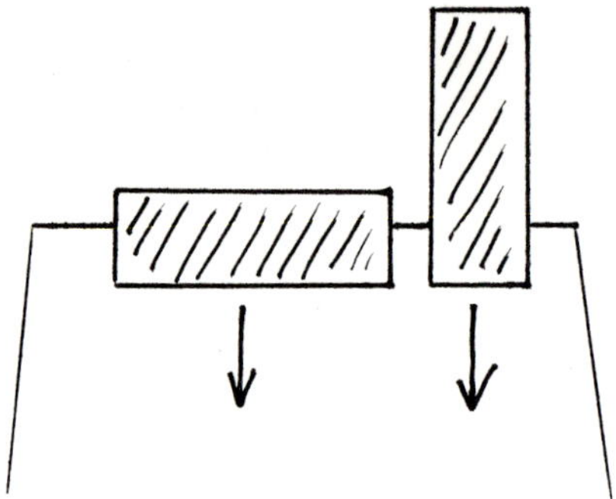

14. Das rohe Ei

Wie kann man ein hart gekochtes von einem rohen Ei unterscheiden, ohne die Schale zu zerbrechen?

15. Das Gewitter

Wie weit ist ein Gewitter entfernt, wenn zwischen Blitz und Donner drei Sekunden liegen?

16. Spiegelverkehrt

Wie kann man ganz einfach spiegelverkehrt schreiben?

17. Die Schubkarre

Warum geht es leichter, eine Schubkarre eine Stufe hinaufzuziehen statt sie zu schieben?

Schwere Rätsel

18. Das Fahrrad

An einem Fahrrad, das von einem Helfer gehalten wird, steht ein Pedal ganz unten, das andere ganz oben. Wenn man nun am unteren Pedal eine Schnur befestigt, sich hinter das Fahrrad stellt und leicht an der waagrecht gespannten Schnur zieht, in welche Richtung wird sich dann das Fahrrad bewegen?

19. Das Thermometer

Weshalb sinkt die Quecksilbersäule in einem Thermometer erst, bevor sie steigt, wenn man ein brennendes Streichholz an die Kugel der Glasröhre hält?

20. Vollmond

Ist bei Vollmond die Erde wärmer oder kälter als sonst, oder bleibt die Erdtemperatur davon unberührt?

21. Der Bücherwurm

Sind Bücherwürmer Insekten?

22. Brennender Zucker

Wann brennt Würfelzucker?

23. Pfeffer und Salz

Frau Schichan hat versehentlich den halb vollen Salzstreuer mit Pfeffer aufgefüllt. Wie kann sie Pfeffer und Salz wieder trennen?

24. Die Büroklammer

Wie schwimmt eine Büroklammer auf Wasser?

25. Das Papierkügelchen

Wenn man in den Hals einer leeren Flasche, die man waagerecht hält, ein Papierkügelchen legt und pustet, wohin fliegt das Papierkügelchen?

26. Der Eierbecher

Wie kann man ein Ei aus einem Eierbecher in den anderen befördern, ohne die Hand zu benutzen, ja, ohne das Ei überhaupt zu berühren?

27. Der Zigarettenknoten

Wie lässt sich ein Knoten in eine Zigarette machen, ohne dass sie beschädigt wird?

28. Das Vergrößerungsglas

Wie stellt man ein ganz einfaches „Vergrößerungsglas" ohne Glas her?

29. Auf der Wäscheleine

Trocknet Wäsche an einem strahlenden Sonnentag auf einer Leine, die in Ost-West-Richtung gespannt wurde, schneller bei Nordwind oder schneller bei Südwind?

30. Der Silberlöffel

Weshalb kann man vermeiden, dass ein Glas, in das man heißes Wasser füllt, zerspringt, indem man einen Silberlöffel hineinstellt?

31. Fliegende Haare

Wie kommt es, dass einem manchmal buchstäblich die Haare zu Berge stehen, wenn man einen Pullover über den Kopf auszieht?

32. Wandernde Johannisbeeren

Wie kann man in einem Glas voll Wasser Johannisbeeren dazu bringen, dass sie auf und nieder steigen, ohne dass man das Glas schüttelt oder auch nur berührt?

33. Bergluft

Rudolf Ressler ist Umweltforscher und begeisterter Bergsteiger. Er hat sich vorgenommen, bei einer seiner nächsten Touren die Umgebungsluft der Bergregion zu erforschen. Da er keine technischen Geräte mitnehmen kann, will er in einem Reagenzglas Luft mit zurückbringen. Wie kann er sichergehen, dass er nicht Luftmoleküle vom Berg zurückbringt, die er schon im Reagenzglas mit hochgebracht hat?

34. Pendeln

An zwei gleich langen Pendeln hängt zum einen eine Aluminiumkugel, zum anderen eine siebenmal so schwere Bleikugel. Welches Pendel schwingt schneller?

35. Das Taschentuch

Man klebt ein Papiertaschentuch auf dem Boden eines Joghurtbechers fest und drückt diesen dann senkrecht mit der Öffnung nach unten in ein Gefäß mit Wasser. Anschließend zieht man ihn senkrecht wieder heraus. Was ist mit dem Taschentuch passiert?

11. Geografische Rätsel

Die Welt ist groß, und was Länder, Städte, Flüsse, Gebirge usw. angeht, so bietet sie eine Fülle von Daten, die meistens wohlbekannt, manchmal jedoch rätselhaft sind. Man muss sich schon richtig gut auskennen, um die vielen Fragen aus aller Welt richtig beantworten zu können. Doch wenn's gar nicht vorangeht, darf auch mal ein Blick in den Atlas oder das Lexikon den Weg weisen.

Leichte Rätsel

1. Gute Nachbarschaft

Welches Land der Welt hat die meisten Nachbarn?

2. Aufzählung (1)

Was passt nicht in die Aufzählung?
Argentinien, Bolivien, Andorra, Mexiko

3. Altstadt

In welcher deutschen Stadt haben die Altstadtstraßen keine Namen?

4. Alt und neu

Wie hieß die Stadt Chemnitz während der DDR-Zeit?

5. Aufzählung (2)

Was passt nicht in die Aufzählung?
Alessandria, Messina, Barcelona, Undine

6. Hauptstädte

Wie heißen die Hauptstädte der folgenden Länder?

1) Bulgarien
2) Japan
3) Portugal
4) Norwegen
5) Kanada
6) Sri Lanka
7) Finnland
8) Spanien

Mittelschwere Rätsel

7. Die Teeparty

Wo fand 1773 eine Art Teeparty mit weitreichenden Folgen statt?

8. Gemeinsamkeiten

Was haben die Länder Japan, China und Ungarn gemeinsam?

9. Namensforschung

Woher stammt der Name „Grönland“?

10. Aufzählung (3)

Welcher Begriff gehört nicht hierher?

Tilsit – Timor – Timalien – Tirol

11. Umbenennung

Unter welchem Namen findet man die ehemalige Insel Ceylon heute auf der Landkarte?

12. Grenzübergang

Muss man einen Reisepass vorzeigen oder genügt der Personalausweis, wenn man von Deutschland nach Italien einreist?

13. Der Eiffelturm

Wenn die höchsten Sanddünen der Sahara den 321 Meter hohen Eiffelturm begraben wollten, würde er noch oben herausschauen?

14. Aufzählung (4)

Was passt nicht in die Aufzählung?

Suezkanal, Panamakanal, Ärmelkanal, Mittellandkanal

15. Aufzählung (5)

Was passt nicht in die Aufzählung?

Brenner, Nansen-Pass, Semmering, Grimsel-Pass

Schwere Rätsel

16. Die Mitte Europas

Welches Land liegt in der mathematisch-geometrischen Mitte Europas?

17. Städtenamen

Hier sind die Städtenamen durcheinander gepurzelt. Wie heißen die Städte richtig, was für eine Art Städte sind es, und in welchen Bundesländern liegen sie?

1) IRWSECNH
2) ORDÜDESLFS
3) ESEDRND
4) RETURF
5) NONREHAV
6) BNEDWASIE
7) ENCHNÜM
8) GASTRUTT
9) STAMPOD
10) IZNAM
11) KLEI

18. Von Nord nach Süd

In welcher Nord-Süd-Reihenfolge liegen die folgenden Städte in Europa?

1) Udine
2) Zürich
3) Bern
4) Amsterdam
5) Granada
6) London
7) Rom
8) Stockholm

19. Wo fließt ...?

Welche Flüsse fließen durch diese Städte?

1) Berlin
2) Bonn
3) Celle
4) Hamburg
5) Budapest
6) Paris
7) Halle
8) Kairo
9) London
10) Bremen
11) Florenz

20. Namenswechsel

Istanbul ist eine alte und geschichtsreiche Stadt. Welche beiden Namen hat sie in den vergangenen Jahrhunderten getragen?

21. Am Neckar

Welche Stadt am Neckar gilt als die Hochburg der Romantik, und in welchen Fluss mündet der Neckar?

22. An großen Flüssen

Welche der folgenden Städte liegen nicht direkt an großen Flüssen?

1) Saarbrücken
2) Worms
3) Stuttgart
4) Mutlangen
5) Erfurt
6) Bayreuth
7) Celle
8) Paderborn
9) Freiburg
10) Marburg
11) Neumünster

23. Grenzgebiet

Wie heißt das Gebiet, das in den vergangenen Jahrhunderten je nach politischer Lage wechselweise zu Frankreich und zu Deutschland gehörte?

24. Man spricht Deutsch

In welchen Ländern gibt es offiziell deutsche Sprachgebiete?

25. Hier wird's amtlich

Wie viele Amtssprachen gibt es in der Schweiz?

26. Gesucht: ein Gebirgszug

In welchem Land befinden sich der Mittel- und Hochgebirgszug mit einem Namen, der sich auf eine geografische wie politische Einheit bezieht?

12. Worträtsel und Sprachspiele

Vor allem Wortgleichungen finden sich im folgenden Kapitel, da den Rätselreimen und dem Teekessel raten je ein eigenes Kapitel gewidmet sind. Wer ein wenig um die Ecke denken kann, dem werden diese Rätsel keine großen Probleme bereiten, aber auch allen anderen ist Ratespaß garantiert.

Leichte Rätsel

1. Welcher Monat?

Welcher Monat ist der kürzeste?

2. Märchenfigur

Hochprozentiges Getränk + (Wursthau - franz. Artikel) + Ausdruckseigenart + letzter Buchstabe des Alphabets + (klopfen - nordital. Strom) = Märchenfigur

3. Brotaufstrich

(Randnaht - weibliches Tier) + Körperteile + (Bürde - Baumteil) + Abschiedsgruß = Brotaufstrich

4. Hier fehlt eine Zahl

Jubeier, Viraß, Hammett, Wen

5. Büromaschine

Schreckensausruf + (Sitte - Feuerabgase) + (Mandelgebäck - Königskopfschmuck) + (Teil des Gleises) = Büromaschine

6. Der lügende Bauer

Wann darf ein Bauer lügen?

7. Einer passt nicht

Ergattern, erwischen, ergaunern, erhaschen: Was passt nicht?

8. Streichinstrument

(männl. Vorname - rundes Wagenteil) + Pferdegangart + (sehr feucht - n) = Streichinstrument

9. Ein Gedicht

Ist das ein gereimtes Gedicht?
Lieber Berthold, von mir weichen
willst Du wirklich?
Guter Freund –
nimmermehr verlasse mich.

Mittelschweres Rätsel

10. Ein Tier passt nicht

Welches Tier passt nicht in die Reihe?
Libelle, Kolibri, Stubenfliege, Ameise

11. Ein Begriff passt nicht

Welcher Begriff passt nicht in die Reihe?
Tanne, Lerche, Fichte, Kastanie

12. Ein Begriff ist fehl am Platz

Welcher Begriff passt nicht in die Reihe?
Quint, None, Sechste, Oktave

13. Falsche Aufzählung

Was passt nicht in die Aufzählung?
Karosse, Equipe, Chaise, Landauer

14. Versteckspiel

Was versteckt sich in den folgenden Namen?

1) Marianne D.
2) Baerbel E. U.

3) Egon A. R.
4) Reni B.
5) Rosa Pia K.

15. Konditorenerzeugnis

(Samenkapsel - engl. zehn) + (veraltet für Büro - n - großer Eingang) + Verkaufsraum + (Gesichtsbehaarung - Kneipe) + Ansiedlungen = Konditorenerzeugnis

16. Deutsche Stadt

(Eile - Baumteil) + Schwur + Fluss + (sehr - a) = deutsche Stadt

17. Informationsdienst

(umdrehen - aufhören) + (Holzfußbodenbelag - Grünanlage) + Todesbegünstigter + (Urteilsbevollmächtigter - männl. Artikel) = Informationsdienst

18. Verknüpfter Vorgang

(Frühstücksgetränk - Primat) + (Klavierteile - höchste Spielkarte), (abfällig für Auto - Bergmulde) + erotisches Bild + (Zuteilung - Hinweis) = verknüpfter Vorgang

19. Moderne Rechenmaschine

(Landstraße - Gebäude - Gewässer) + (Kalifenname - Flächenmaß) + männl. Hausgeflügel = moderne Rechenmaschine

20. Operntitel

(offene Stollen-Transportwagen - nordischer Hirsch) + (Speisefisch - Fingerschmuck) + (Stallmist - vertrauliche Anrede) + (Handwerkerin - Teil des Messers) = Operntitel

Schwere Rätsel

21. Mittelalterliche Fußbekleidung

(Riemenverschluss - Gesamtheit) + (Ekel - sehr schüchtern) + (kleiner Pappkarton - Bergwerksteil) + (Schlachttier - alkoholisches Getränk) + (deutscher Dichter - geographischer Begriff) = mittelalterliche Fußbekleidung

22. Seltene Naturerscheinung

(technischer Aufbau - Zeitabschnitte) + (feinstes Gestein - Weichsel-Nebenfluss) + (Handteil - germ. Wurfspieß) + Holzraummaß + (beispielhafte Erzählung - sofort) = seltene Naturerscheinung

23. Fotoapparat

(Kinderspielzeug - lange Fahrt) + (Dünkel + Stallmist) + (russischer Branntwein - Fragewort) + (Kurort in Südtirol - n) = Fotoapparat

24. Weihnachtsgebäck

(ungezwungen - Wurfspieß) + (Dreimaster - Flächenmaß) + (probieren - Gedichtzeile) = Weihnachtsgebäck

25. Künstlicher Erdtrabant

(Gegenteil von Vorgänger - Auswirkung) + persönliches Fürwort + engl. zehn + (Elbe-Nebenfluss - engl. Biersorte) + Schweizer Freiheitsidol + (Gesteinsart - altes Apothekergewicht) = künstlicher Erdtrabant

26. Körperschulung

(Höhere Schulen - Erdteil) + Baumteil + (Massenangst - griechischer Hirtengott) = Körperschulung

27. Teil des Radios

(Pappkiste - Bergeinschnitt) + (frecher Junge - Himmelsbewohner) + Bratenstück = Teil des Radios

28. Tonwiedergabe

(großformatige Aushänge - Kleinbauernhaus) + (Pferderennen - kräftig, unfein) + (Gebissteil - Neckarnebenfluss - Vorfahr) = Tonwiedergabe bei Live-Auftritten

29. Eine große Familie

Ein langer, langer Vater, eine lange, lange Mutter, und viele, viele Kinder, was ist das?

30. Vogel federlos

Es kam ein Vogel federlos,
setzt sich auf einen Baum blattlos.
Da kam die Jungfrau mundlos,
und fraß den Vogel federlos,
von dem Baume blattlos.

31. Ein rotes Jäckchen ...

... ein schwarzes Käppchen,
ein Bauch voller Stein,
was mag das sein?

32. Ein Abend

Welcher Abend fängt schon morgens an?

Auflösungen

Halt! Sie suchen hier die richtige Antwort? Sind Sie sicher, dass sich die harte Nuss partout nicht knacken lässt? Ein ausgefuchster Rätselprofi gibt so schnell nicht auf.
Unsere Empfehlung: Eine Nacht darüber schlafen und es dann ein zweites Mal probieren. Oder einen weiteren Rätselfreund zu Rate ziehen und die Aufgabe gemeinsam angehen. Viel Erfolg!

1. Logikrätsel und Denkfallen

1. Torjubel

Er schoss mindestens ein Eigentor.

2. Die Entenjagd

Sicher, die Jäger bringen unterschiedlich viele Enten nach Hause, doch keiner hat mehr als die anderen (zusammengezählt natürlich).

3. Vater und Sohn

Jürgen.

4. Im Obstkeller

Eine Kiste mit Äpfeln.

5. Wertvolle Bücher

Man könnte den Bücherstapel einfach umwerfen, doch ein Geldschein kann gar nicht zwischen den Seiten 699 und 700 stecken denn das ist die Vorder- und Rückseite eines einzigen Blattes.

6. Familienbande

Max' Neffe war der Sohn dieses Bruders.

7. Sockenpaare

Er musste mindestens acht Socken mitbringen, dann befand sich sicher ein passendes Paar unter ihnen.

8. Kindersegen

Sechs, fünf Söhne und eine Tochter.

9. Siedepunkt

Das Wasser in beiden Töpfen ist gleich heiß.

10. Die Fischräuber

200 natürlich.

11. Der Einkaufsbummel

Strecke und Geschwindigkeit waren wohl die gleiche, denn die benötigte Zeit blieb auch gleich.

12. Ein Korb voller Äpfel

Neun natürlich.

13. Der ordentliche Haarschnitt

Eher vom unordentlichen Friseur, denn er scheint ja seinen Kollegen gut bedient zu haben, dieser hat jedoch offensichtlich kein geschicktes Händchen, sonst hätte der Unordentliche wenigstens gut geschnittene Haare!

14. Der sprechende Papagei

Vielleicht. Doch sicher war der Papagei taub, und so konnte er nichts hören, was er hätte nachplappern können.

15. Die Beschwerde

Der Gast hatte den Teller Suppe stark gesalzen. Als er nun vom „neuen" Teller probierte, erkannte er ihn an dem vielen Salz in der Suppe wieder.

16. Die Durchreiche

Ja, erst den Würfel, dann die Kugel oder umgekehrt.

17. Die Ameisenparade

Im Kreis.

18. Die Rechenaufgabe

Ein Komma.

19. Seemannsgarn

Der Leichtmatrose konnte ungestört auf der drittuntersten Sprosse weiterarbeiten, denn das Schiff hob sich mit der Flut.

20. Die Abschlussfeier

„Juliane, deine Eltern sind da!"

21. Rechenzauber

Die römische Zahl XII mit einem waagrechten Strich in der Mitte halbieren. Die obere Hälfte ergibt VII, also sieben.

22. Der Lederfußball

Richtig betrachtet sind im Sportwarengeschäft 21 Mark geblieben, drei Mark haben die Jungen und eine Mark hat der Lehrling, und das gibt wieder die 25 Mark.

23. Buntes Zahlenspiel

Rot, denn wenn man eine gerade und eine ungerade Zahl addiert, kommt immer eine ungerade heraus.

24. Die Hochzeit

Alle Kurden sitzen auf einer Seite, alle Türken auf der anderen. Da die Brautmutter neben einem Kurden sitzen wollte, ist sie selbst Kurdin, der Brautvater Türke. Sie sitzen also gegenüber.

25. Zahlenfolge

Die nächste Zahl ist 4 und die letzte 2. Die zehn Zahlen sind nämlich alphabetisch geordnet.

26. Falsch oder richtig?

Dass Blau eine Farbe ist, fünf plus vier neun gibt und Hans ein Name ist, stimmt. Also muss die Aussage, dass drei der Aussagen falsch sind, ebenfalls falsch sein. Doch auch das stimmt nicht ganz, denn dann wäre diese Aussage wieder richtig. Ein logisches Dilemma, das sich nicht ganz auflösen lässt.

27. Wer gewinnt?

Es gewinnt, wer am Anfang des Spiels das Häufchen mit den acht Stäbchen wegnimmt, so dass folgende Konstellation bleibt:

28. Das Kartenspiel

Er gibt sich selbst die unterste Karte und teilt weiter von unten, nun aber im Gegenuhrzeigersinn, aus.

29. Das Spielbrett

Es sind acht Steine, die so liegen könnten:

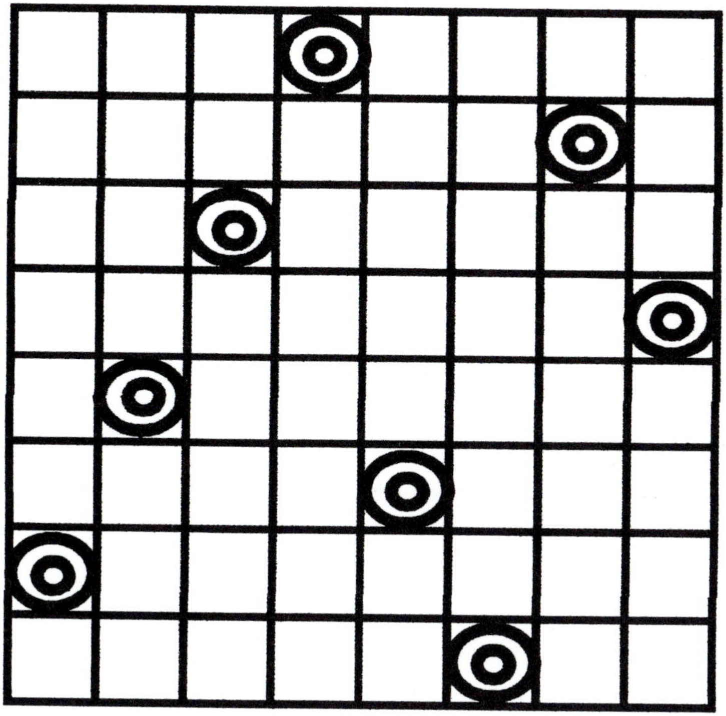

30. Drei Geschenke

Wenn nur eine der drei Aussagen wahr ist, dann hat Susanne das Armband, Anne hat den Ring und Hanna die Halskette.

31. Die Gondelfahrt

Vier Leute, denn die beiden Männer sind zwei Brüder, die zwei Schwestern geheiratet haben.

32. Wer wohnt wo?

Bertholds Nummer ist durch 3 teilbar, also 25116 oder 71334. Dieter hat eine höhere Nummer als Alfred, aber eine niedrigere als Berthold. Dadurch ergibt sich: Alfred-Dieter-Berthold, und die 25116 scheidet für Berthold aus. Berthold hat folglich die höchste Nummer, 71334. Die anderen reihen sich dann in die Folge Dieter (52424), Alfred (43117), Claudia (25116) und Erich (13244).

33. Handschuhpaare

Drei Paar Handschuhe.

34. Der Berg ruft

Ja, denn wenn an diesem Tag ein anderer Wanderer um acht Uhr zum Marsch bergan gestartet wäre, würde er ihn treffen.

35. Fuchs, du hast die Gans gestohlen

Er quetschte sich durch den Zaun, tötete eine Gans und riss sie in Stücke, die er durch den Zaun nach draußen warf. Nun quetschte er sich wieder nach draußen und brachte die Stücke in Sicherheit.

36. Zahlenreihe

1. Zug: 1–212121221
2. Zug: 112212–1221
3. Zug: 112–2211221
4. Zug: 112222211–1
5. Zug: –2222211111

37. Beruferaten

Da es wesentlich mehr Landwirte gibt als Schriftsteller, Erfinder und Bauingenieure, ist ein Brillenträger statistisch gesehen eher ein Landwirt.

38. Kleiderordnung

Ja, er hat den Hausmantel an.

39. Im Uhrzeigersinn

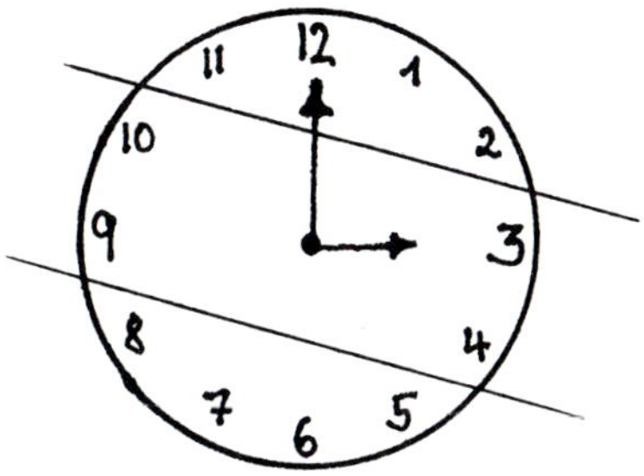

40. Das geteilte Rechteck

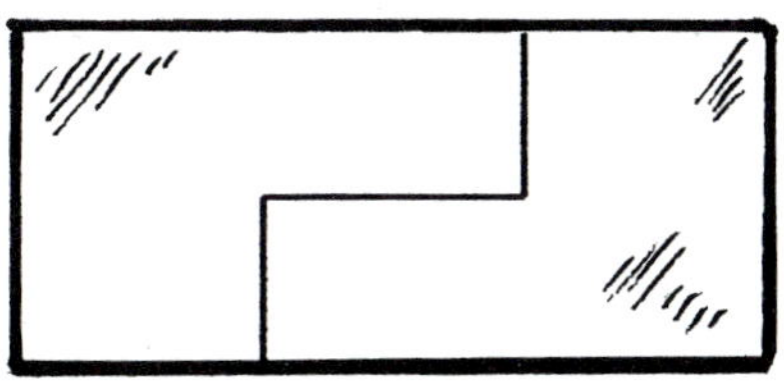

41. In memoriam

Nein, zumindest wurde er nicht 1933 aufgestellt, denn die Einteilung in Ersten und Zweiten Weltkrieg fand erst nach dem Zweiten Weltkrieg statt.

2. Rätselreime

1. **Löchrige Verbindung**
   Eine Kette.

2. **Der summende Hemdkragen**
   Die Fliege.

3. **Der Gourmet**
   Der Schimmel.

4. **Flug ohne Flügel**
   Die Nase.

5. **Heldenhaft**
   Der Drache.

6. **Der Schein trügt**
   Der Nebel.

7. **Sechs Beine**
   Ross und Reiter.

8. **Leckere Geräusche**
   Die Käseglocke.

9. **Wer raucht hier?**
   Schornstein.

10. Blut und Haut
Blutwurst.

11. Der arme Tropf
Pilz.

12. Wie süß
Honigbiene.

13. Schüttelrätsel
Sieb.

14. Die Jagd
Es sind Großvater, Vater und Enkel.

15. Ein Wort mit sieben Zeichen
Achtung.

16. Der leere Kopf
Bei den Notenköpfen.

17. Ein Zeitvertreib
Der Pfeifentabak.

18. Die Wörterkette
Hast, Last, Mast, Rast, Gast, fast.

19. Singsang
Der Dompfaff.

20. Schlummers Träume
Das Nachtlicht.

21. In die Ferne
Das Luftschiff.

22. Ein Künstler
Der Spiegel.

23. Haben oder nicht haben
Hunger.

24. Der Mädchenname
Sie heißt Therese.

25. Drei in einem
Das Einmaleins.

26. Der komische Mann
Der Eulenspiegel.

27. Zu Wasser und zu Lande
Die Schildkröte.

28. Tagtäglich
Heute.

29. Die Veränderung
Aus Spaß wird Pass und daraus Ass.

30. Der Dichter

Es ist Wolfram von Eschenbach.

31. Vorwärts und rückwärts

Aus Gras wird rückwärts gelesen Sarg.

32. Viele Fassetten

Die Karte als Landkarte, Postkarte, Spielkarte und Visitenkarte.

33. In der Ritze

Der Knopf.

3. Teekessel raten

1. Kater

1. männliche Katze – 2. Folge eines Alkoholexzesses

2. Bande

1. Gruppe von Kriminellen – 2. Spielfeldbegrenzung

3. Atlas

1. Nachschlagewerk – 2. Figur der griechischen Mythologie

4. Blüte

1. Pflanzenbestandteil – 2. Falschgeld

5. Boxer

1. Sportler – 2. Hunderasse

6. Gabel

1. Teil des Essbestecks – 2. Teil des Fahrrads

7. Geschirr

1. Ess- und Kochgeräte – 2. Riemenwerk für Zugtiere

8. Glas

1. Teil des Essgeschirrs – 2. Fensterscheibe

9. Hecht

1. dichter Qualm – 2. Fischsorte

10. Hof

1. fürstlicher Wohnsitz – 2. umschlossener Platz eines Hauses

11. Krebs

1. Schalentier – 2. Krankheitsbild

12. Leier

1. Musikinstrument – 2. oft wiederholte Rede

13. Leiter

1. Vorgesetzter – 2. Gerät zum Hinaufsteigen

14. Löffel

1. Ohr des Hasen (Jägersprache) – 2. Teil des Essbestecks

15. Lösung

1. Ergebnis, Resultat – 2. chemische Mischung

16. Mark

1. deutsches Zahlungsmittel – 2. Knochenfüllung

17. Maus

1. Säugetier – 2. Computerzubehör

18. Melone

1. Frucht – 2. Kopfbedeckung

19. Mutter

1. weibliches Familienoberhaupt – 2. Gegenstück zur Schraube

20. Ring

1. Fingerschmuck – 2. Boxarena

21. Römer

1. Einwohner Roms – 2. Weinglas

22. Schale

1. Geschirrteil – 2. Fruchtgehäuse

23. Spion

1. Geheimagent – 2. Beobachtungsloch in der Tür

24. Stamm

1. Teil eines Baums – 2. Sippen- und Familiengruppe

25. Strauß

1. Blumengebinde – 2. Vogelart

26. Tau

1. dicke Schiffsleine – 2. nasser Niederschlag

27. Trommel

1. Behältnis – 2. Musikinstrument

28. Wurf

1. Schleudervorgang – 2. Nachwuchs bei Tieren

29. Amboss

1. Gehörknöchelchen – 2. Schmiedeunterlage

30. Auge
1. Sehorgan – 2. Mittelpunkt des Wirbelsturms

31. Ausdruck
1. Mimik – 2. Computerliste

32. Bauer
1. Landwirt – 2. kleiner Vogelkäfig

33. Blatt
1. Laub – 2. Spielkarte

34. Bremse
1. Insekt – 2. technische Verzögerungseinrichtung

35. Decke
1. obere Raumbegrenzung – 2. wärmendes Stoffstück

36. Figur
1. Körperform – 2. Spielgerät

37. Flügel
1. Gebäudeteil – 2. Körperteil des Vogels

38. Polo
1. Rasenspiel – 2. Automodell

39. Hacke
1. Teil des Fußes – 2. Bodenbearbeitungsgerät

40. Heft
1. Schreibheft – 2. Griff

41. Laden
1. Verkaufsraum – 2. Fensterverschluss

42. Magazin
1. Wochenzeitung – 2. Patronenfach

43. Mühle
1. Gesellschaftsspiel – 2. Gerät zum Mahlen von Getreide

44. Netz
1. Stromquelle – 2. Maschenwerk zum Fischfang

45. Pflaster
1. Straßenbelag – 2. Wundauflage

46. Riegel
1. Verschlussvorrichtung – 2. Süßigkeit

47. Rolle
1. Gleithilfe – 2. Bühnenauftritt

48. Rute
1. langer Zweig – 2. Schwanz des Hundes (Jägersprache)

49. Schuppen
1. Hautplättchen – 2. Abstellraum

50. Schleife

1. Kurve – 2. geknüpftes Band

51. Stempel

1. Pflanzenteil – 2. Büroartikel

52. Steuer

1. Lenkvorrichtung – 2. Abgabe

53. Stift

1. Schreibgerät – 2. Lehrling

54. Stock

1. Gehhilfe – 2. Wurzelpflanze

55. Strudel

1. Mehlspeise – 2. Wassersog

56. Umzug

1. Wohnortswechsel – 2. Parade

57. Weide

1. Pflanze – 2. Futterwiese

58. Zug

1. Spielaktion – 2. Verkehrsmittel

59. Abzug

1. Belüftungseinrichtung – 2. Auslöser an einer Feuerwaffe

60. Bogen

1. Sportgerät – 2. Druckbogen

61. Bruch

1. mathematische Rechengröße – 2. Knochenfraktur

62. Brücke

1. Straßenteil – 2. Zahnersatz

63. Bulle

1. männliches Tier – 2. Erlass/Urkunde

64. Dame

1. vornehme Frau – 2. Schachfigur

65. Eis

1. gefrorene Wasserfläche – 2. Genussmittel

66. Stärke

1. Kraft – 2. pflanzliches Polysaccharid

67. Fassung

1. Glühlampenhalterung – 2. beherrschtes Verhalten

68. Grund

1. Ursache – 2. Bodenfläche

69. Holländer

1. niederl. Staatsbürger – 2. Maschine in der Papierherstellung

70. Nagel

1. Hornplatte auf Zehen und Fingern – 2. Metallstift

71. Prospekt

1. Werbeschrift – 2. Rundblick

72. Schote

1. erfundene, lustige Geschichte – 2. Samenhülse

73. Solitär

1. Brettspiel – 2. einzeln gefasster Brillant

74. Spiegel

1. reflektierende Fläche – 2. helles Hinterteil des Rehs (Jägersprache)

75. Fahne

1. Tuch, das an einer Stange befestigt ist – 2. Korrekturausdruck bei der Buchherstellung

4. Scherzfragen

1.
Sein Wort.

2.
Die Briefmarke.

3.
Ein Buch.

4.
Ein Kater.

5.
Der Stiefelknecht.

6.
Große Löcher im Boden.

7.
Indem man Hühner hineinlässt.

8.
Aus Brillengläsern.

9.
Fuchshaare.

10.
Der Bote.

11.
Sie ziehen die nassen Kleider aus.

12.
Die Hose.

13.
Der Kellner.

14.
Zwei böse Menschen.

15.
Weil die Milcheimer zu groß sind.

16.
Die Laufkundschaft.

17.
Der Angsthase.

18.
Im Spiegel.

19.
Ein Geheimnis.

20.
Der Traum.

21.
Der Herrenhut.

22.
Hafer und Heu, mit dem man die Tiere ins Freie lockt.

23.
Die Starfotografen.

24.
Es wird schwarz, wenn man sich wäscht.

25.
Alle Speere zu mir!

26.
Brombeeren.

27.
Den Kindergarten.

28.
Nein, Indianer nicht.

29.
Der Schuhmacher.

30.
Mit dem Buchstaben „K“.

31.
Indem man die Doppelbuchstaben nur einmal und grundsätzlich nur in Kleinbuchstaben schreibt.

32.
Jeder Hund, denn ein Haus kann nicht hochspringen.

33.
Fünf ausgestreckte Finger.

34.
Ein Pechvogel.

35.
Wenn sie ausgelassen ist.

36.
Der Würfel.

37.
Autobiografie.

38.
Eine Stiftskirche.

39.
So viel wie zwei halbe oder vier viertel Monde.

40.

Indem man Stofftaschentücher benutzt.

41.

In der Intelligenzschicht.

42.

Die mit den größten Füßen.

43.

Er friert!

44.

Vorn einsteigen und hinten aussteigen oder umgekehrt, je nachdem, in welche Richtung man weiter muss.

45.

Er hat irrtümlich aufs Aquarium gestarrt.

46.

Wenn man alle Spiegel abhängt.

47.

Gehen wir einen kippen?

48.

Wenn er Deutsch spricht.

49.

Ein Ärgernis.

50.

Ein unglaublicher Zufall.

51.

Eine Staffel.

52.

Im neunten Monat.

53.

Zwei Schotten entdeckten gleichzeitig einen Pfennig auf dem Boden ...

54.

Genauso wie kurze.

55.

Sie beschriften ihre Demo-Plakate selber, daher kann keiner lesen, was sie fordern.

56.

Selbst eine Bombe mitnehmen. Die Wahrscheinlichkeit für zwei Bomben in einem Flugzeug ist so gut wie Null.

57.

Keine, beide brennen kürzer.

58.

Die Oder.

59.

Ein Kinderkarussell.

60.

Sie kehrt nie wieder.

61.

Wird schon schief gehen.

62.

Einsam.

63.

Wüstlinge.

64.

Zwei, eines an jedem Spielfeldende.

65.

Glück.

66.

Training.

67.

Gewicht.

68.

Das Gesicht.

69.

Die Mauer steht schon, also brauchen sie sie nicht mehr errichten.

70.

Beim Telefonieren.

71.

Solche, die beispielsweise Anna oder Otto heißen.

72.

Den Henkel.

73.

Nebel. Schon in der Bibel stand: „Dichter Nebel hing über dem Land“.

74.

Ja, das Wort „rot“.

75.

Ein bär-tiger Mann.

76.

Zeit für ein neues Gartentor.

77.

Die Tauben.

78.

Wenn die beiden zu Fuß gehen, ist das Kaninchen schneller.

79.

Die Heiligen Drei Könige. Sie legten die Arbeit nieder, kleideten sich in prächtige Gewänder, nahmen Geschenke für Leute mit, die sie nicht kannten und gingen auf Reisen.

80.

Eine Drehtür zuschlagen.

81.

In volle Flaschen.

82.

Eine helle Miene aufsetzen. Oder das Licht ausmachen, wenn man beim Lesen umblättert.

83.

Indem man die Satzzeichen nicht mitliest.

84.

Der Bundeskanzler ist die Nummer eins = 1, der Zahnarzt macht Zähne = 10, ein Nachtwächter gibt Acht = 8, sind zusammen 19.

5. Streichholzrätsel

1. Das glückliche Schwein

Durch das Umlegen von drei Streichhölzern wird aus dem traurigen Schwein ein glückliches.

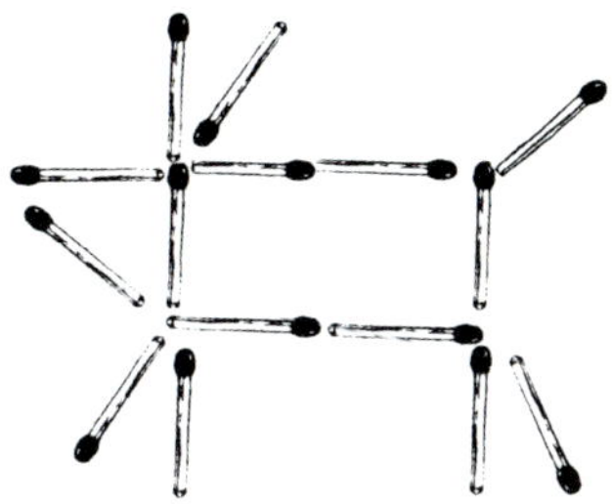

2. Aus vier mach eins

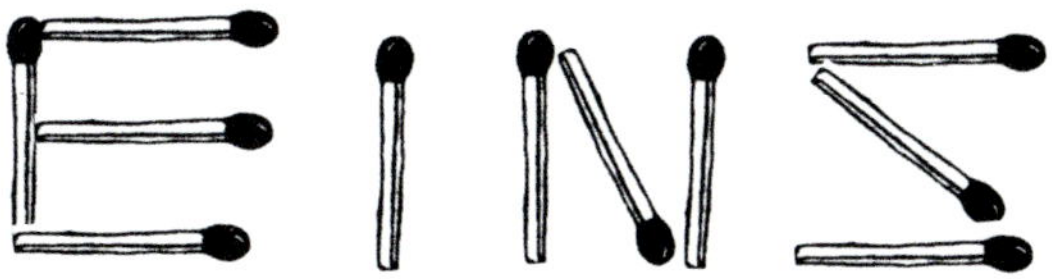

3. Aus vier mach sieben

Die römische Zahl VII legen.

4. Aus vier mach fünf

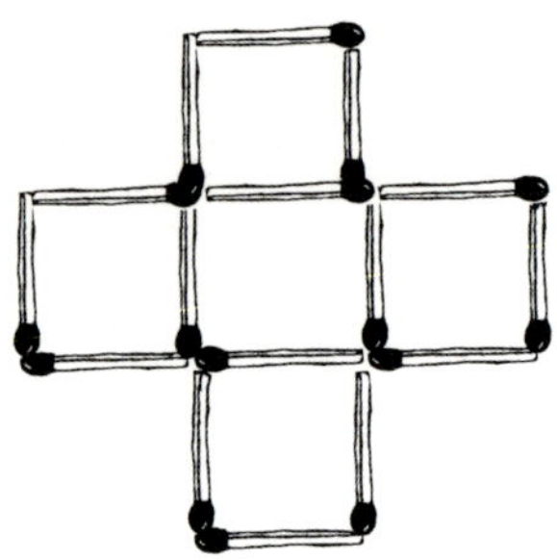

5. Streichholzgleichung (1)

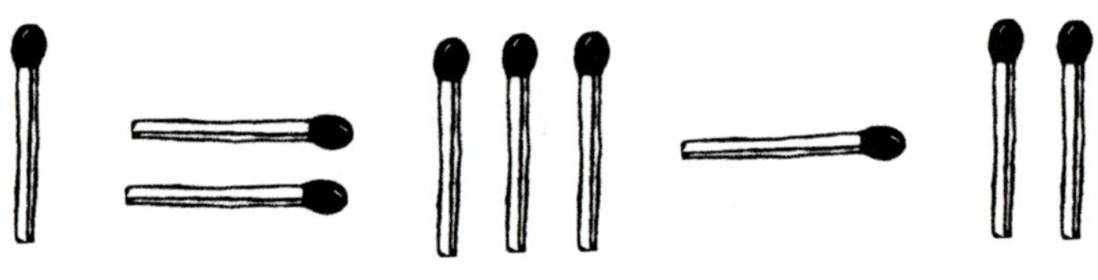

6. Der griechische Tempel

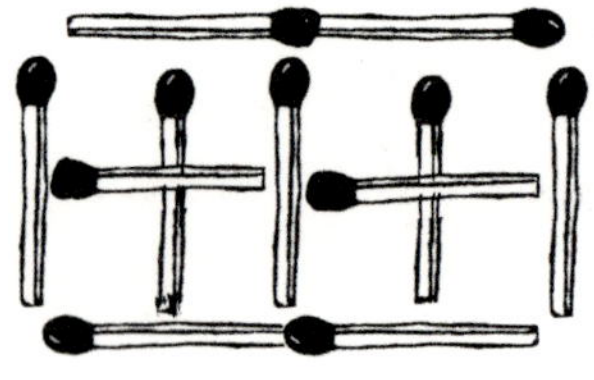

7. Der Esel

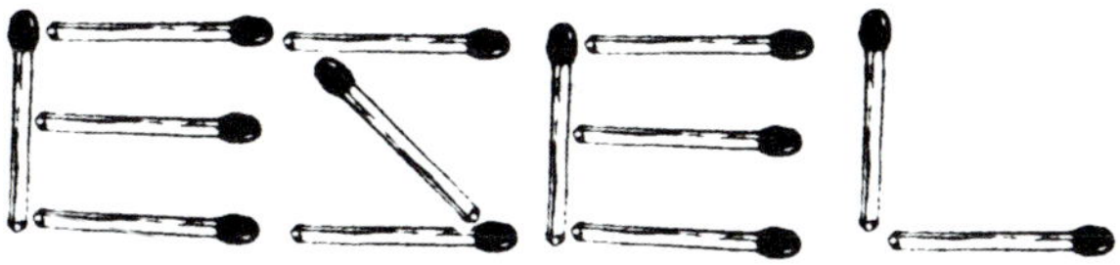

8. Das Haus
Nur zwei Streichhölzer müssen umgelegt werden.

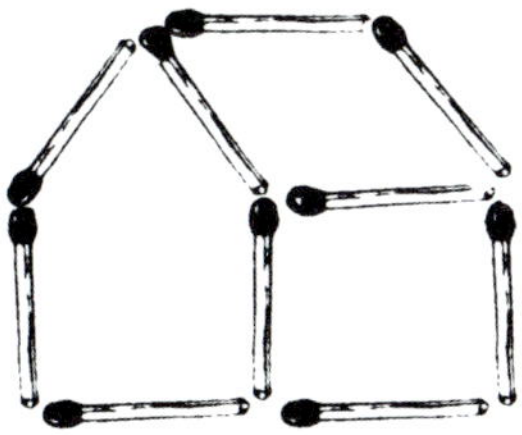

9. **Streichholzgleichung (2)**

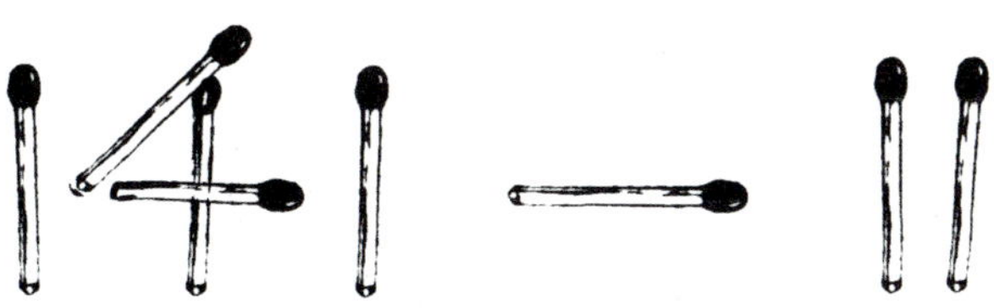

10. Fünf Dreiecke

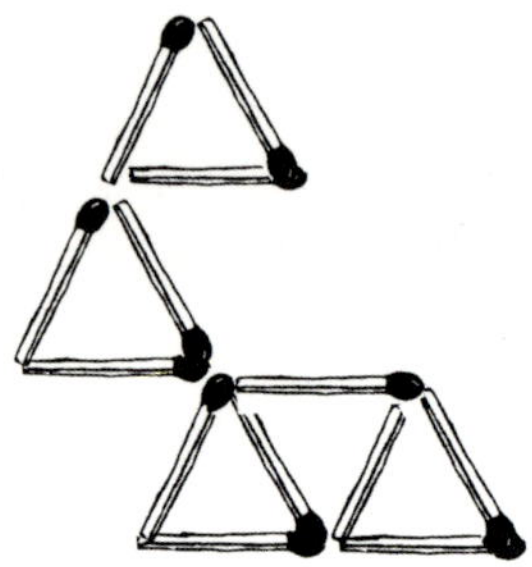

11. Die tickende Wanduhr

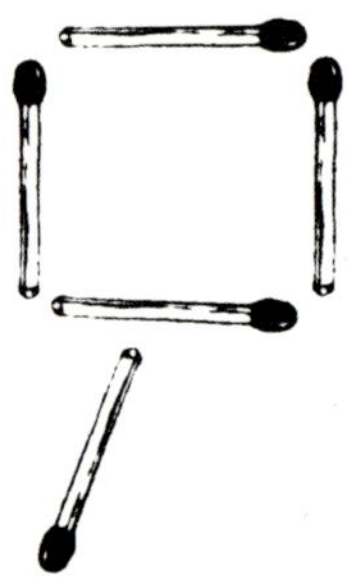

12. Der Weihnachtsstern

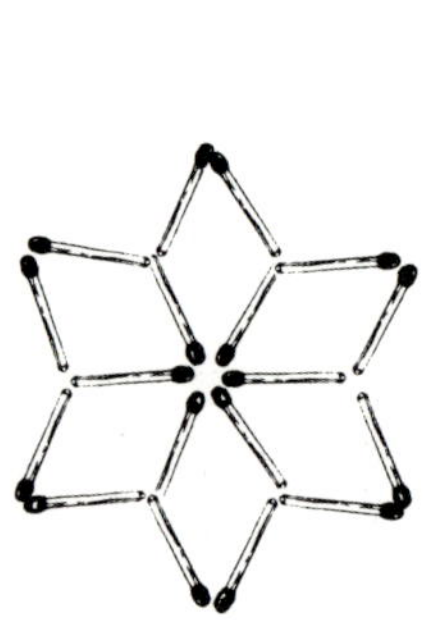

13. Aus neun mach fünf

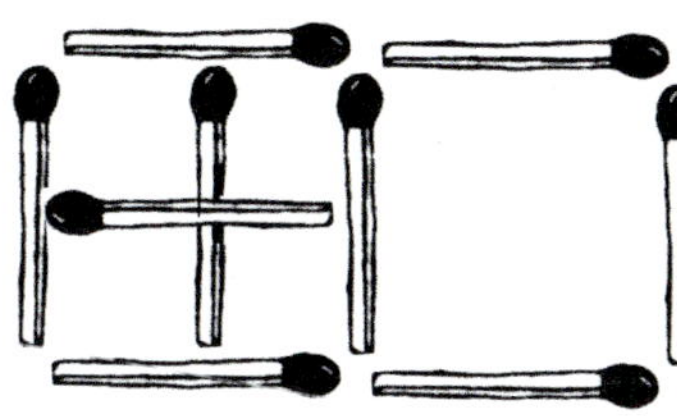

14. Sieben Quadrate

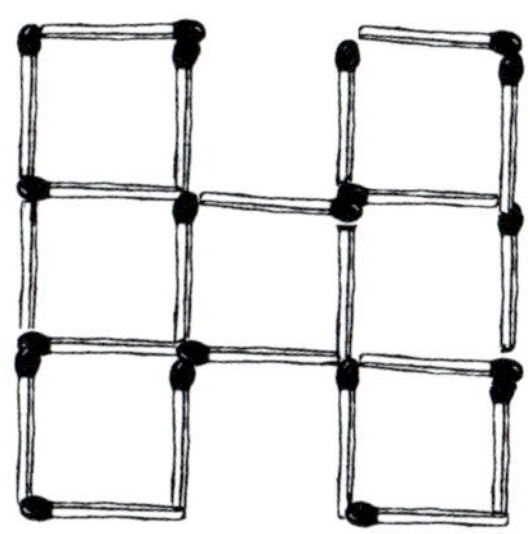

15. Der Name

16. Aus zwei mach drei

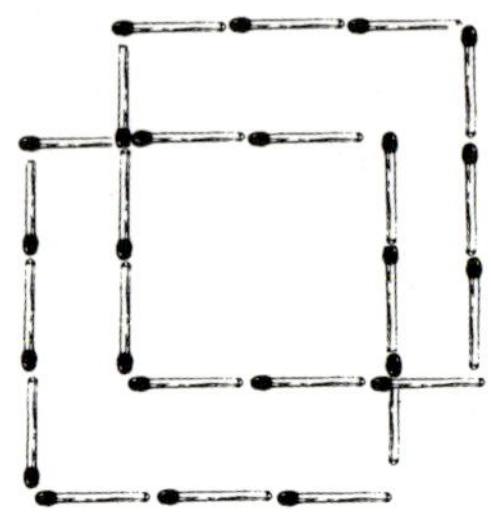

17. Fünf Quadrate

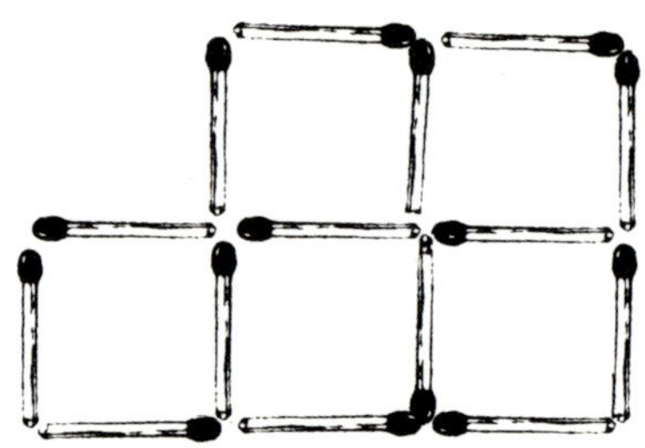

18. Tinte

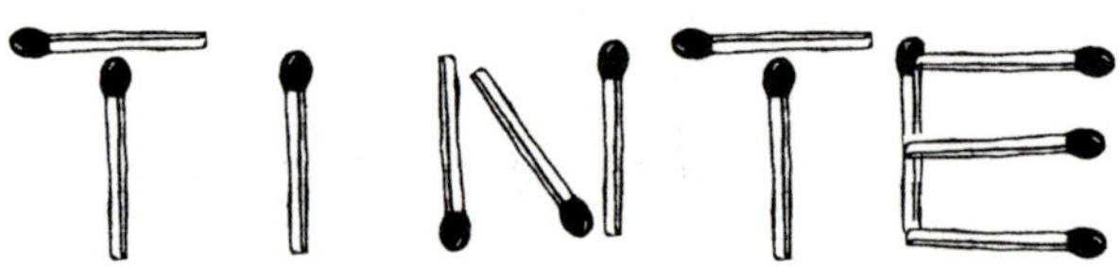

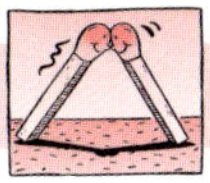

19. Der Würfel

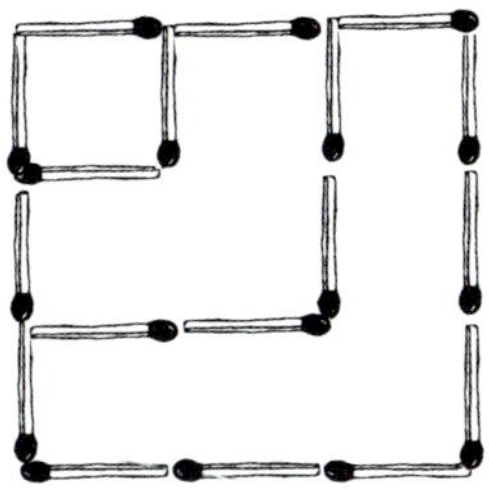

20. Große und kleine Quadrate

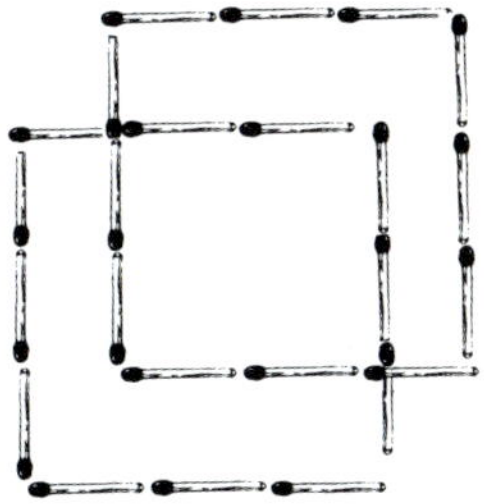

21. Fragliche Figur

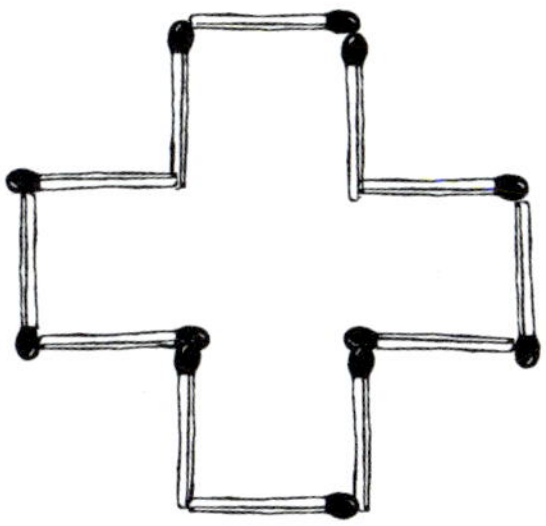

22. Aus fünf mach vier.

Nur zwei Streichhölzer müssen umgelegt werden.

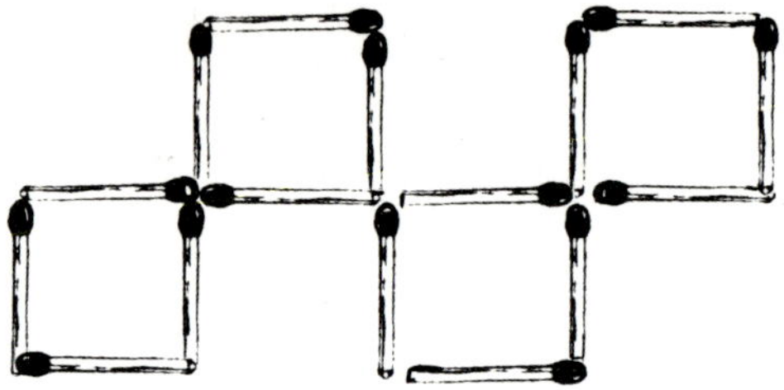

23. Sechs bleibt sechs

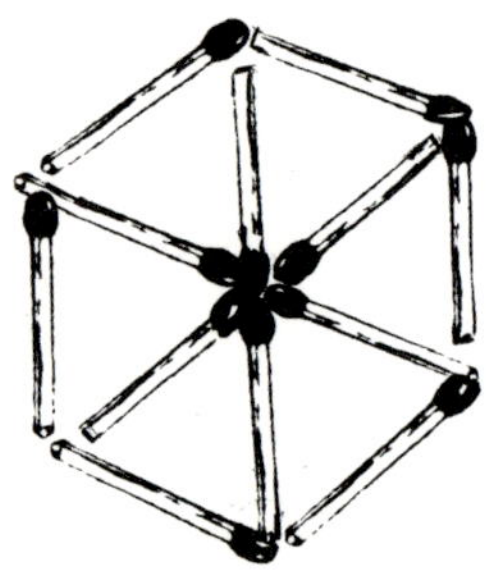

24. Aus fünf mach drei

Es entstehen drei Quadrate – und zwei Rechtecke.

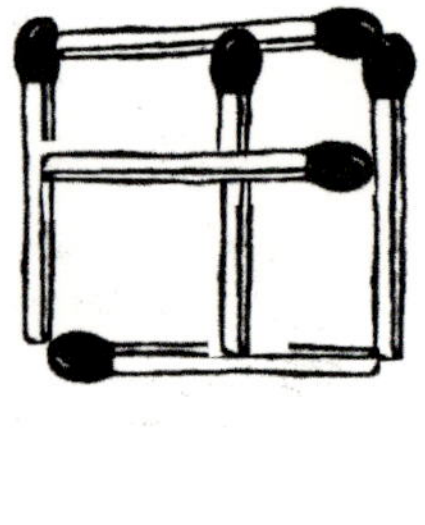

25. Das Kreuz

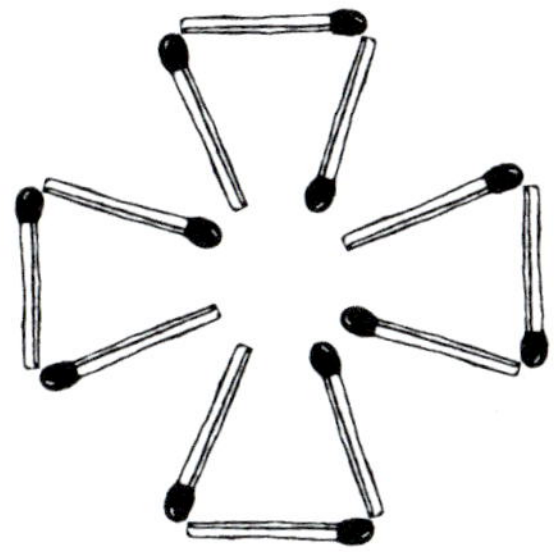

26. Zwei Fünfecke und fünf Dreiecke

Die inneren Streichhölzer müssen etwas gekürzt werden.

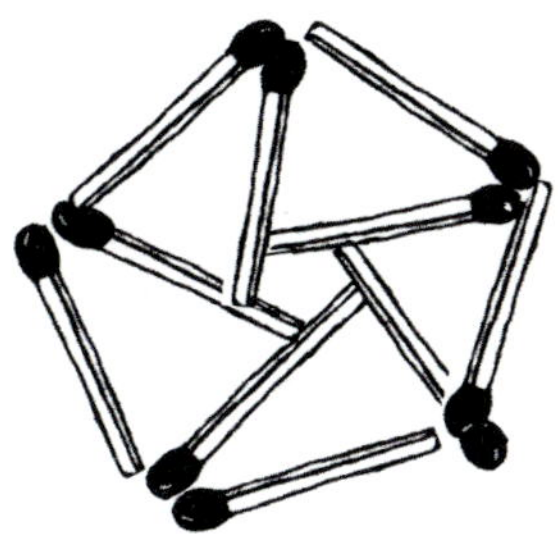

27. Vier Dreiecke

Die drei Streichhölzer im Grunddreieck treffen sich in der Mitte. Das Gebilde ist also dreidimensional.

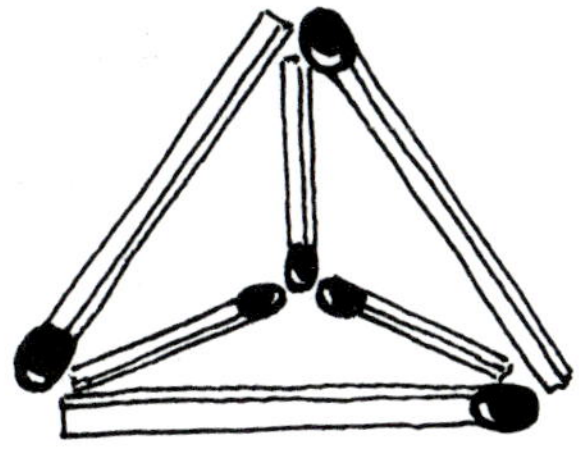

6. Münzrätsel

1. Das Schachbrett

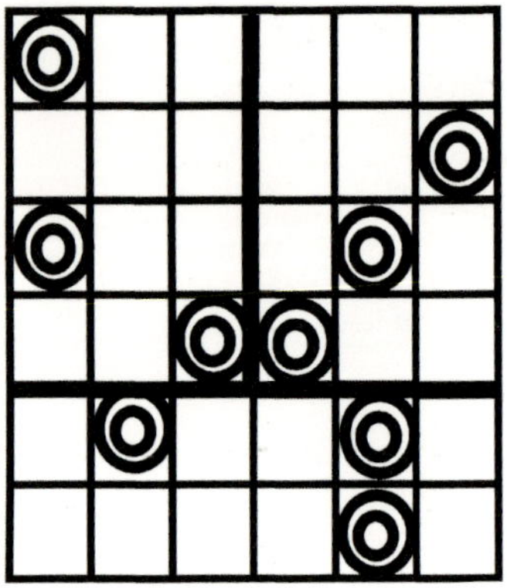

2. Münzstapel

4 auf 7, 6 auf 2, 1 auf 3, 5 auf 8

3. Die goldene Mitte

Münze F unter D und E
Münze E unter B und C
Münze C zwischen E und F

4. Münzpaare

Zuerst E über D und C auf B. Dann C über D und F auf G. Schließlich D über E und B auf A und F über C und G auf H.

5. Das Kreuz

Man legt die unterste Münze auf die Münze in der Mitte.

6. **Fünf Reihen**

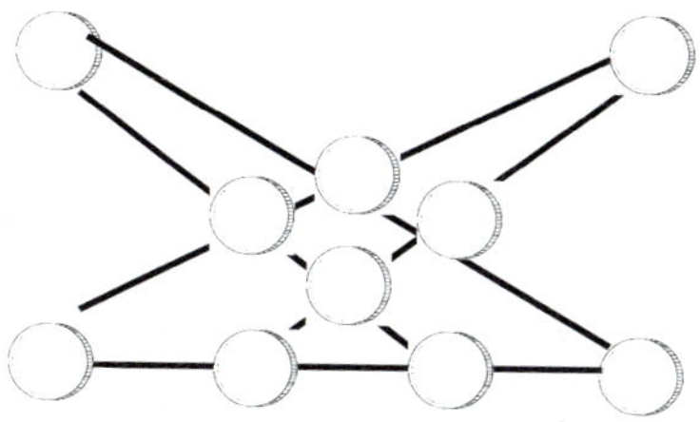

7. **Zehn Geraden**

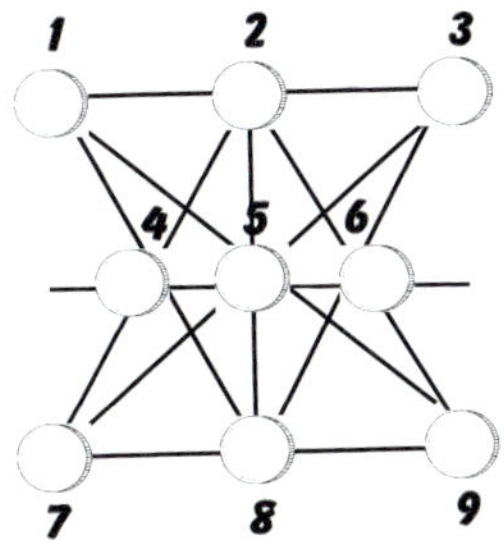

8. **Münz-Solitär**

E überspringt H, I, C und A. Dann überspringt G D und F B. Danach überspringt F G, bevor F von E übersprungen wird. E sitzt nun wieder an der Ausgangsposition in der Mitte.

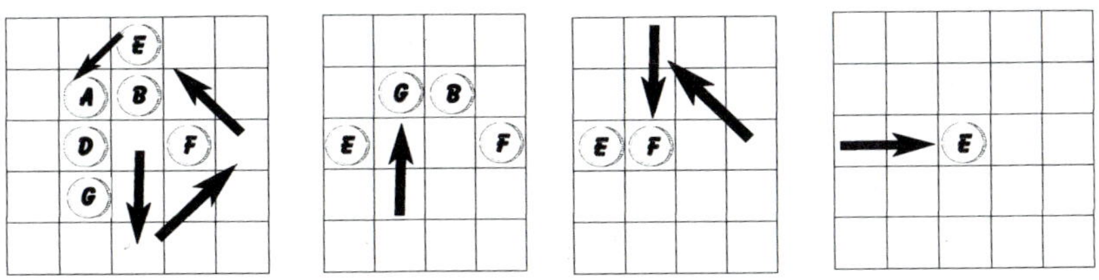

9. Zwölf Münzen

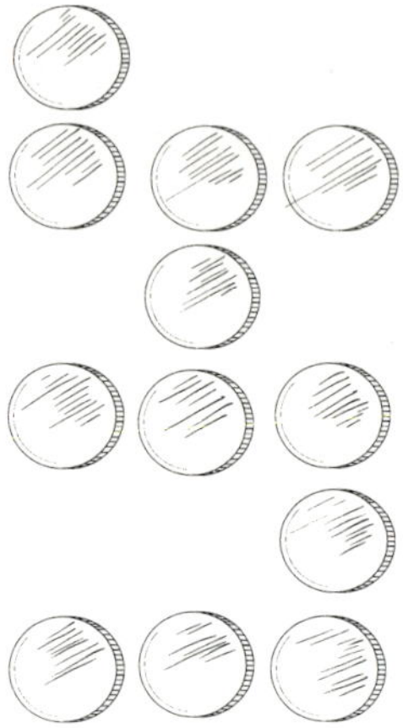

10. Neue Reihenfolge

D nach links schieben
C nach rechts springen lassen
B nach rechts schieben
D zweimal nach links springen lassen
E zweimal nach links springen lassen
B nach rechts schieben
A nach rechts springen lassen
C nach rechts schieben
F nach links springen lassen
C nach rechts schieben
B nach rechts springen lassen
F nach links schieben
A nach rechts springen lassen

7. Rätselgeschichten

1. Der neue alte Wecker

Bereits nach rund eineinhalb Stunden, denn alte Wecker haben nur eine Zwölf-Stunden-Einteilung.

2. Ungewöhnliche Verspätung

Wenn er am nächsten Morgen die Samstagsausgabe der Zeitung liest, findet er die Erklärung für seine ungewohnte Verspätung: Seine Samstags-Spätschicht fiel auf das Wochenende nach Frühlingsanfang, und die Sommerzeit hatte Sonntag früh begonnen.

3. Das Rennen

Die Fahrer tauschten vor dem Start die Fahrzeuge.

4. Die defekte Uhr

Die alte Uhr hat keine Datumsanzeige, und ihr Zifferblatt zeigt nur zwölf Stunden an. Die Uhr kann genauso gut vier Stunden vorgehen.

5. Der Unfallzeuge

Wenn Herr Krumm tatsächlich einen Regenbogen über der Szenerie gesehen hatte, dann kam die Sonne von hinten, konnte ihn also gar nicht blenden.

6. Die Wahrheitsprobe

Dorfrichter Adam hatte das Gefieder des Huhns mit Ruß zusätzlich geschwärzt, so dass jeder eine schwarze Hand bekommen musste. Der Dieb aber befürchtete, entdeckt zu werden und tat deshalb nur so, als ob er das Huhn streichelte. Als einziger fasste er das Huhn nicht an und hatte somit als einziger eine saubere Hand.

7. Rendezvous mit einer Unbekannten

Rudi hatte natürlich sofort seine Uhr aufgezogen, als er bemerkte, dass sie stehen geblieben war. Das war der Zeitpunkt, als er das Mädchen sah. Er hatte seine Uhr auf zwölf Uhr gestellt, und als er nun zu Hause war, erfuhr er die richtige Uhrzeit. Die inzwischen verstrichene Zeit zog er von der aktuellen Uhrzeit ab und schon hatte er den Zeitpunkt, zu dem er in der Woche darauf das Mädchen wiedersehen wollte.

8. Auf Leben und Tod

Der Angeklagte versuchte vergeblich mit den Fingern zu ertasten, welche der beiden Kugeln die schwarze und welche die weiße wäre. Fichtenholz ist weicher als Ebenholz, und er hätte mit dem Fingernagel den Unterschied schnell festgestellt. Da beide Kugeln gleich hart waren und alle bisherigen Kandidaten eine schwarze Kugel ans Licht befördert hatten, blieb dem Dieb nur eine Möglichkeit. Er nahm eine Kugel, und ohne sie zu zeigen, verschluckte er sie. Dann behauptete er, die weiße Kugel herausgeholt und verschluckt zu haben und somit unschuldig zu sein. Zum Beweis riss er das Tuch vom Pokal, nahm die zweite Kugel heraus und zeigte sie. Sie war schwarz.

8. Klassische Rätsel

1. **Das Schachspiel mit den Reiskörnern**
   Hätte der Kalif nachgerechnet, dann wäre ihm vor dem Spiel klar geworden, um welche Menge Reiskörner es geht. Wenn auf dem ersten Feld ein Reiskorn, auf dem zweiten zwei, auf dem dritten vier, auf dem vierten 16 und so weiter bis zum letzten, dem 64. Feld, jeweils die doppelte Menge zu liegen haben, dann ergibt das die unermessliche Summe von über 18 Trillionen Körnern, nämlich genau 18 446 073 709 551 615. Diese Menge konnte der Kalif nicht beschaffen, und so musste er, durch und durch ein Ehrenmann, all sein Hab und Gut dem armen Gelehrten übereignen.

2. **Die Überfahrt**
   Bei der ersten Überfahrt nimmt der Dompteur die Ziege mit, da der Tiger kein Heu mag. Dann rudert er mit dem leeren Boot zurück, lädt den Heuballen ein und fährt zur Ziege. Damit die jetzt nicht mit dem Heu auf der anderen Flussseite bleibt und es frisst, lädt er sie ins Boot und fährt zum Tiger zurück. Er setzt die Ziege an Land und bringt den Tiger zum Heuballen ans andere Ufer. Dann fährt er erneut leer zurück, nimmt die Ziege ins Boot und ist schließlich mit Heu, Tiger und Ziege wohlbehalten am anderen Ufer gelandet.

3. **Das Land der Lügner und der Wahrhaftigen**
   Die Lösung ist ganz einfach. „Gehören Sie zu diesem Land?" muss er einen der Wächter fragen, und dabei auf den Weg zeigen, an dem der Wächter steht. Ist es der zum Land der Wahrhaftigen, dann wird der Wächter aus dem Land der Lüg-

ner mit „ja“ antworten, denn er lügt immer und der Wächter aus dem Land der Wahrhaftigen wird die Frage ebenfalls bejahen. Ist es das Land der Lügner, antworten beide mit „nein“.

4. Die Aufteilung der Kamele

Der Gelehrte stellte einfach sein Kamel zur Herde des verstorbenen Scheichs und begann dann, die Herde aufzuteilen. 20 Tiere an den ersten Sohn, zehn Tiere für den zweiten, fünf für den dritten Sohn und vier Kamele für die Tochter. Schlussendlich gab das 39 Kamele. Und obwohl die Teilung mathematisch nicht korrekt war, waren alle zufrieden. Der Gelehrte nahm nun sein eigenes Kamel und ritt weiter.

5. Das Hilfe-ich-brauche-Geld-Telegramm

Der gutmütige Vater schickt seinem Sohn 9.567 plus 1.085, also insgesamt 10.652 Dollar.

6. Der Bücherwurm

Die gesamte Breite des Lexikons beträgt stolze 182 Zentimeter, denn jedem Buchstaben sind hier sieben Zentimeter Platz eingeräumt (inklusive Buchdeckeln). Da der Bücherwurm sich aber nur bis zum Z und nicht auch noch durch das Z durchfrisst, hat er nur 175 Zentimeter Buch durchbohrt.

9. Mathematische Rätsel

1. Die Großviehhalle

Firma A: 52 x 20 = 1.040 Manntage
Firma B: 50 x 17,5 = 875 Manntage
Firma C: 24 x 12,5 = 300 Manntage
Insgesamt 2.215 Manntage
DM 2.126.400,– geteilt durch 2.215 Manntage ergibt DM 960,– pro Manntag.
Für die Firma A sind das also DM 998.400,–, für die Firma B DM 840.000,– und für die Firma C DM 288.000,–.

2. Kerzenzauber

13. Neun ursprüngliche Kerzen, davon neun Stummel, also wieder drei Kerzen, und aus den restlichen drei Stummeln auch eine Kerze.

3. Der Brieftaubenzüchter

Albert besitzt 64 Tauben.

4. Die Mäusejagd

Die zwei Beine des Hausherrn, die zwei seiner Frau, vier Hundebeine, vier Mal drei Katzenjungen, also 48 Beine, vier Katzen, 16 Beine, vier Mal sechs Mäusejunge = 96 Beine, vier Mäusepärchen mit 32 Beinen sind insgesamt 200 Beine in Bewegung.

5. Das Schachturnier

63 Spiele.

6. Der Gartenzaun

Fünf, denn die Eckpfähle zählen beide jeweils zu einer Seite.

7. Die Busreise

Jeder der 200 Teilnehmer musste DM 400,- bezahlen.

8. Der Ententeich

Ganz einfach, es sind 32 Enten, denn 3x = 100 - 4 (Erpel sind ja keine da).

9. Zahlenkombination

Man dreht die 6 zur 9 und schreibt 931.

10. Die Altersangabe

Die Katze ist jetzt 10, die Schildkröte 30 Jahre alt.

11. Der Wettlauf

Wieder Nina, denn sie läuft 100 Meter in der Zeit, in der Christoph 90 Meter läuft. Zehn Meter vor dem Ziel wird sie ihn also überholen und zuerst ins Ziel laufen.

12. Stahlreifen

48 kleine in der untersten Reihe, 32 mittelgroße in der mittleren Reihe und 24 große in der obersten Reihe.

13. Rechensprint

Mit der Rechenmaschine.

14. Geldschieberei

Hans hat sieben Markstücke, Franz fünf.

15. Die Funkuhr

Die Zeitdifferenz beträgt zwischen den beiden falsch gehenden Uhren 5 Minuten pro Stunde, so dass sie 24 Stunden brauchen, um die 120 Minuten Zeitdifferenz anzuzeigen.

16. Der Flipperautomat

Der Spieler muss viermal auf die 17 und zweimal auf die 16 treffen.

17. Zahlenreihe (1)

36, 32, 36. Vier addieren, mit zwei multiplizieren und vier abziehen.

18. Die Salami

29, denn mit dem letzten Schnitt erhält man zwei Scheiben.

19. Wie gewonnen, so zerronnen

Julia bekam 22 Mark, davon gingen 11 + 1 Mark an ihre Schwester Sabine, von den restlichen 10 Mark gingen 5 + 1 Mark an Ingrid, und schließlich gab sie 2 + 1 Mark für Schokolade aus.

20. Zahlenreihe (2)

116, 109, 436. Mit vier multiplizieren und sieben abziehen.

21. Verzwickte Gleichung

289 + 764 = 1.053

22. Die kinderreiche Familie

Jan ist 24, Henrik also 9.

23. Die antike Lampe

Die Lampe mit Schirm und Ersatzschirm kostet DM 65,–, die Lampe allein DM 55,–, denn Schirm und Ersatzschirm kosten DM 10,–. Die Lampe mit einem Schirm kostet also DM 60,–.

24. Der Kegelclub

Die Mitglieder der Kegelclubs stellten sich wie in der Skizze im Kreis auf. Da immer beim gleichen Mitglied mit dem Auszählen begonnen wurde, lässt sich die Aufteilung in zwei Mannschaften beim Auszählen jedes 13. schnell errechnen.

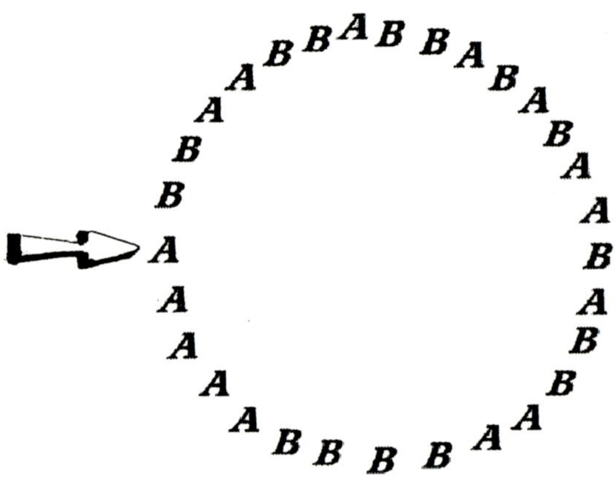

25. Arbeitslohn

Er verdient 10.000,– DM.

26. Zahlenfeld (1)

8	3	4
1	5	9
6	7	2

27. Zahlenreihe (3)

32, 31, 93. Zwei addieren, dann eins abziehen und mit drei multiplizieren.

28. Transsibirische Eisenbahn

Ein Reisender begegnet auf der Fahrt von Archangelsk nach Tiflis oder umgekehrt 14 solchen Zügen. Erst den sieben, die in den vorangegangenen Tagen am Zielbahnhof losgefahren sind, dann weiteren sieben, die während seiner Fahrtzeit am Zielbahnhof starten.

29. Die Krähenschar

Es waren 15 Krähen.

30. Schnelle Rechner

Indem man aus den Zahlen 50 Zahlenpaare bildet, die jeweils 101 ergeben (100 + 1; 99 + 2 usw.). Dann muss man nur noch 50 x 101 rechnen und kommt auf das richtige Ergebnis 5.050.

31. Das Geburtsjahr

Stefan wurde 1980 geboren, und im Jahr 2025 wird er 45. Die Chancen stehen also eigentlich nicht schlecht, dass er diesen Geburtstag feiern kann.

32. Die Weinlese

Sie machten aus den sieben halb vollen Behältern zwei volle, dann blieben neun volle, drei halb volle und 21 leere Behälter übrig, die sie nun gut durch drei teilen konnten.

33. Viele Geschwister

Die Familie hat 12 Kinder, Moritz hat also elf Geschwister. Wenn a die Anzahl aller Geschwister ist, heißt es 1/3a = 2 (a -10) = 4. Der Junge hat also 2 jüngere Geschwister. Da er das 10. Kind ist, sind es also insgesamt 12 Kinder.

34. Apfelsaftschorle

Genau gleich viel von beidem. Apfelsaft: 1/6 + 1/3 + 1/2 = 1 Glas, genauso Mineralwasser: 1/6 + 1/3 + 1/2

35. Schreibweise (1)

12.111

36. Die Marzipankugeln

Beide Schachteln enthalten gleich viel Marzipan, da der Rauminhalt einer Kugel immer 52 Prozent eines entsprechenden Würfels ausmacht.

37. Im Wirtshaus

Der junge Mann saß auf dem vierten Platz links vom Wirt.

38. Der ältere Bruder

Sebastian ist 15 und damit fünf Jahre jünger als sein Bruder. Als der 15 war, war Sebastian zehn – also halb so alt, wie sein Bruder jetzt ist.

In einer Gleichung sieht die Lösung so aus:

$10 + x = 20 - x$

$2x = 10$

$x = 5$

39. Der Zeitungsbote

Willi verdient jetzt 165 Mark statt 150 Mark pro Woche, denn am ersten Tag bekommt er 30 + 1 Mark = 31 Mark, am zweiten Tag 31 + 1 Mark = 32 usw.

40. Schreibweise (2)

999 9/9

41. Zahlenreihe (4)

21

1 + 2 = 3

3 + 4 = 7

7 + 6 = 13

13 + 8 = 21

42. Zahlensymbole

5.427 - 2.645 = 2.7

43. Hemden bügeln

10 Büglerinnen, den jede braucht für ein Hemd sechs Minuten, bügelt also in 48 Minuten acht Hemden.

44. Zahlenfeld (2)

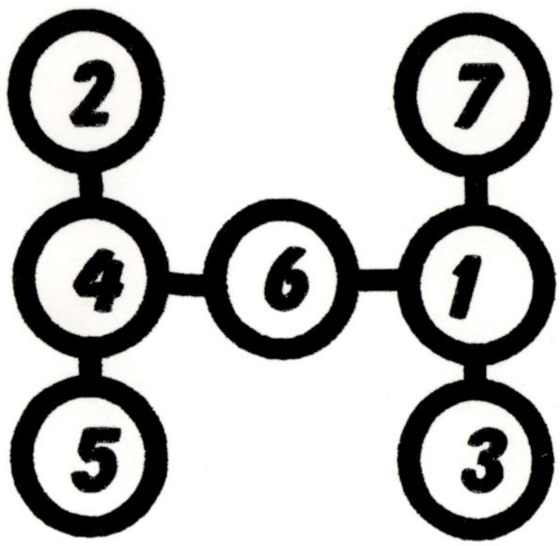

45. Die Ziegenherde

Die kleinste Zahl, die durch zwei, drei, vier, fünf und sechs teilbar ist, ist 60. Da in diesen Gruppierungen aber immer ein Tier übrig bleibt, ist die gesuchte Zahl um eins größer als ein Vielfaches von 60, und gleichzeitig muss sie durch sieben teilbar sein. Da die Herde weniger als 500 Tiere zählt, ist die gesuchte Zahl also 301.

46. Zahlenreihe (5)

95. Die Differenz zwischen den Zahlen verdoppelt sich.

47. Die Balkenwaage

Man kommt mit den vier Gewichtsstufen 1/4 Pfund, 3/4 Pfund, 2 1/4 Pfund und 6 3/4 Pfund aus.

48. Kleingeld

Stefan hat 11, David 7 und Moritz 21 Markstücke.

49. Gerecht geteilt

David hatte 10, Pascal 22.

50. Zahlenreihe (6)

7,77. Jeweils zwei Fünftel der Zahl wurden abgezogen.

51. Der Uhrensammler

Um zehn Uhr. Die Uhren liefen: A 30 Stunden, B 27 Stunden, C 23 Stunden, D 36 Stunden und E 18 Stunden.

52. Das Lexikon

Drei Umstellungen sind nötig. 1. Umstellung: 6, 2 und 4 werden umgestellt, so dass die Reihenfolge 1, 5, 2, 4, 6, 3, 7 entsteht. Danach stellt man 2, 4 und 5 so, dass die Reihenfolge 1, 2, 4, 5, 6, 3, 7 entsteht. Schließlich stellt man 4, 5 und 6 zwischen 3 und 7 und erhält so die richtige Reihenfolge.

53. Osterhasen

Der Karton mit 190 Hasen bleibt stehen. Der Händler hat die Krokanthasen im ersten und vierten Karton (insgesamt 280) für je 5 Mark pro Stück gekauft, und die Schokoladenhasen in den Kartons zwei, drei und sechs (insgesamt 560) für 2,50 Mark das Stück.

54. Addition

$11 + 1 + 1 + 1 + 1 = 14$

55. Die Kugelpyramide

56. Fünf Faktoren

64 = 2 x 2 x 2 x 2 x 2 x 2

96 = 2 x 2 x 2 x 2 x 2 x 3

57. Das Wasserbecken

Das Becken ist sechs Meter tief. Da das Becken quadratisch ist, gilt: $a^2 + b^2 = c^2$. Für die Rechnung ergibt sich mit x als Beckentiefe: $(x + 0{,}5)^2 = x^2 + 2{,}5^2$

$x^2 + 2 \times 0{,}5x + 0{,}25 = x^2 + 6{,}25$

$x = 6$

58. Der gerechte Tausch

Nein, denn jeder der drei hatte zum Schluss 8 Mark, der Mann, der ursprünglich 10 Mark besaß, hatte nur 2 Mark abgegeben, der andere aber 6. Somit hätte der Wanderer drei Viertel der Zigaretten, also 18 Stück dem Mann geben müssen, der 14 Mark besessen hatte, und nur 6 Zigaretten dem anderen. Dann hätte er die Zigaretten an die beiden gerecht verteilt.

59. Besuch aus der Ferne

Wegen des Schaltjahrs, das alle vier Jahre stattfindet, hat der Februar nur alle 28 Jahre einen Wochentag doppelt. Im Jahr 2004 wird das wieder der Sonntag sein. Davor war das im Jahr 1976 der Fall, als Sebastian ebenfalls zu Besuch war.

60. Die Gänseschar

Es mussten ursprünglich 91 Gänse gewesen sein, denn das ist die einzige Zahl unter 100, die eine Flugformation im gleichseitigen Dreieck und nach Abzug von 10 zwei gleichseitigen Dreiecken (78 und 3 oder 66 und 15) zulässt.

61. Der Getreidetrichter

16 Tage, denn das unterste Viertel des Trichters ist 1/16 des gesamten Trichterinhalts.

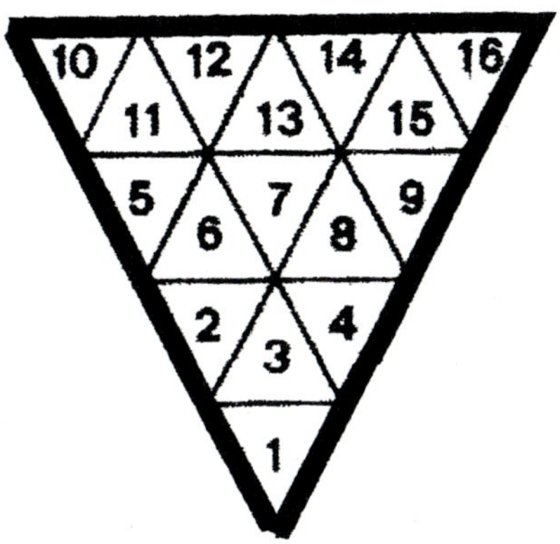

62. Heruntergefallen

Wenn man annimmt, dass eine Münze nur dann auf einer Fliese liegt, wenn ihr Mittelpunkt 14,5 Millimeter vom Fliesenrand entfernt ist (Radius der Münze), dann entsteht so eine um alle Fliesenseiten 14,5 Millimeter kleinere Fliesenquadrat fläche. Die Wahrscheinlichkeit P, dass eine Münze also auf diese kleinere Fläche fällt, ist der Quotient aus dieser kleine ren Fläche durch die Fliesengesamtfläche. Wenn a die Seitenlänge der Fliese ist, dann gilt:

$$P = \frac{(a - 29)^2}{a} = 0,5$$

Daraus folgt: a = 100, die Fliesengröße ist also 10 x 10 cm.

63. Zahlenfeld (3)

9	-	5	=	4
				·
6	:	3	=	2
				=
7	+	1	=	8

10. Rätselhafte Naturwissenschaft

1. Der Metallring

Durch Erhitzen. Das Metall dehnt sich aus, der Ring wird größer – kehrt allerdings beim Erkalten in seine Ausgangsform zurück.

2. Der Wasserpegel

Der Pegel verändert sich gar nicht, da die Eiswürfel zwar eine andere Dichte haben als Wasser, aber das gleiche Gewicht. Sie verdrängen also nur den Teil des Wassers, der ihrem Gewicht entspricht.

3. Essig und Öl

Essig und Öl vermischen sich nicht, denn das Öl schwimmt auf der Essig-Wasser-Basis. Beides lässt sich also in eine Flasche füllen und am besten mit einem Korken verschließen, in den ein Verschlussmechanismus integriert ist. Will man nun Essig entnehmen, dreht man die Flasche auf den Kopf und lässt den Essig über den Hahn herauslaufen. Will man Öl, dreht man die Flasche wieder, nimmt den Korken ab und gießt vorsichtig das Öl ab.

4. Die Donauschleuse

Der Wasserspiegel wird natürlich sinken, denn im Bauch des Schiffs hat der Stahl gemäß seinem Gewicht Wasser verdrängt. Jetzt ist das Schiff geflutet, und der Stahl, der deutlich dichter ist als Wasser, verdrängt nur noch seinen Volumenanteil Wasser.

5. Der Eisblock

In Zeiten mit Dauerfrost lässt sich das im eigenen Garten machen, und zwar, indem man über den Eisblock eine Schnur legt und sie an beiden Seiten mit Gewichten beschwert. Der so ständig ausgeübte Druck der Schnur auf das Eis erzeugt eine geringe Wärmemenge und bringt es langsam zum Schmelzen. Die Schnur sinkt ein, und das Eis darüber gefriert wieder. So bewegt sich die Schnur ganz langsam durch den Eisblock.

6. Die Kirchenorgel

Die linke Pfeife ist tiefer als die rechte. In die offene Pfeife passt eine halbe, in die geschlossene eine viertel Wellenlänge. Die größere Wellenlänge entspricht dem tieferen Ton.

7. Zwei Schrauben

Der Abstand der beiden Köpfe bleibt gleich, da bei der anderen Schraube exakt die Gegenbewegung ausgeführt wird.

8. Flaschenzug

Obwohl die beiden Rollen miteinander verbunden sind, fällt das Gewicht, denn die rechte, größere Rolle gibt mehr Seil frei als die linke, kleinere aufnimmt.

9. Der Luftballon

Beim Beschleunigen schwebte der Luftballon nach vorn, denn die im Wagenfond komprimierte Luft drückte ihn nach vorn. Wenn der Wagen Kurven durchfuhr, drängte der Luftballon immer zum Kurvenmittelpunkt.

10. Tierparade

Sie gehören alle nicht der Tiergattung an, auf die ihr Name verweist: Ein Seepferdchen ist kein Pferd, genauso wenig wie eine Fledermaus eine Maus oder ein Seehund ein Hund ist.

11. Der Grashüpfer

Er ist bei einer Raumfahrtmission auf dem Jupiter gelandet. Dort ist die Erdanziehungskraft 2,6-mal stärker als auf der Erde.

12. Das frische Ei

Man legt es in ein hohes Gefäß mit Wasser. Frische Eier haben nur eine kleine Luftblase unter der Schale. Je älter das Ei ist, desto mehr Luft befindet sich in ihm. Ein frisches Ei sinkt also relativ schnell ab und liegt flach auf dem Gefäßboden, ein altes stellt sich mit der Spitze nach unten mehr oder weniger senkrecht auf, und ein verdorbenes oder angebrütetes Ei schwimmt an der Wasseroberfläche.

13. Zwei Mauersteine

Beide kommen gleichzeitig unten an, denn die Gleitreibung ist nur vom Gewicht der Körper abhängig, und das ist bei bei den Mauersteinen gleich.

14. Das rohe Ei

Ein rohes Ei ist innen zähflüssig, und Flüssigkeiten verharren länger in ihrer Ausgangsstellung bzw. lagern sich langsamer um. Ein hart gekochtes Ei also lässt sich wie ein Kreisel drehen, ein rohes dagegen „eiert“, wenn man es mit Schwung dreht.

15. Das Gewitter

Einen Kilometer. Die Entfernung ist das Produkt aus Schallgeschwindigkeit (330m/sec) und der Zeit, die zwischen Blitz und Donner vergeht.

16. Spiegelverkehrt

Man hält ein Blatt Papier an die eigene Stirn, nimmt einen Stift zur Hand und schreibt drauflos. Das Ergebnis ist spiegelverkehrte Schrift, denn man beginnt nun, vom eigenen Standpunkt aus gesehen, mit der Schreibhand automatisch von jetzt links nach rechts zu schreiben.

17. Die Schubkarre

Wie die Illustration zeigt, drückt beim Schieben der Karre der Kraftpunkt K unterhalb des Drehpunkts D auf das Rad, das somit stärker in den Stufenwinkel gedrückt wird. Dreht man die Schubkarre um und zieht sie, so wirkt die Kraft über die Stufenkante hinaus nach oben. Das Hochziehen der Karre wird leichter.

18. Das Fahrrad

Das Rad bewegt sich allen Erwartungen zum Trotz rückwärts obwohl das Pedal in der gleichen Weise bewegt wird, wie beim Vorwärtsfahren. Vom Standpunkt des Betrachters aus bewegt sich das Pedal nach hinten, bezogen auf das Fahrrad bewegt es sich aber nach vorn; die großen Laufräder und die kleine Zahnradübersetzung gehorchen streng der Physik.

19. Das Thermometer

Erst wird das Glas erwärmt, dehnt sich aus und schafft so mehr Platz für das Quecksilber. Daher sackt die Quecksilbersäule kurz ab, bevor sie ansteigt.

20. Vollmond

Da er die Sonnenstrahlen reflektiert, sorgt der Vollmond für eine geringe Erwärmung der Erde.

21. Der Bücherwurm

Allgemein versteht man unter „Bücherwürmern" Büchernarren und Vielleser, doch es gibt tatsächlich auch eine Käferart, die so heißt. Sie gehört zur Familie der Klopfkäfer, und ihre Vertreter werden etwa vier Millimeter lang.

22. Brennender Zucker

Normalerweise brennt Würfelzucker nicht. Doch wenn man auf den Zuckerwürfel etwas Zigarettenasche gibt, brennt der Zucker mit kleiner blauer Flamme. Die Asche wirkt als Katalysator.

23. Pfeffer und Salz

Sie schüttet die Pfeffer-Salz-Mischung auf eine trockene Unterlage, nimmt einen trockenen Plastiklöffel und reibt ihn, so dass er sich statisch auflädt. Den Löffel hält sie in geringer Entfernung über die Mischung, das Salz wird vom Löffel angezogen und haftet an ihm. So kann sie Salz und Pfeffer trennen.

24. Die Büroklammer

Sie schwimmt, und zwar wenn man sie auf ein kleines Stück Löschpapier legt und das Löschpapier mit der Büroklammer auf eine ruhige Wasseroberfläche legt. Das Löschpapier sinkt bald ab, die Oberflächenspannung des Wassers trägt die Büroklammer.

25. Das Papierkügelchen

Es fliegt nicht etwa in die Flasche, sondern es wird durch den Druck der in die Flasche geblasenen Luft aus dem Flaschenhals herausgeschleudert.

26. Der Eierbecher

Nein, nicht, indem man jemanden darum bittet, es zu tun. Sondern ganz einfach mit Hilfe des Luftdrucks. Wenn man kräftig von oben auf den Rand des Eierbechers bläst, „springt" das Ei heraus in den anderen Becher. Kleine Lücken zwischen Eierbecher und Ei lassen Luft in den Eierbecher ein dringen, dessen Druck durch kräftiges Blasen das Ei „hinauswirft".

27. Der Zigarettenknoten

Man wickelt eine möglichst lange Zigarette ganz fest in die Innenfolie der Zigarettenschachtel ein. Nun kann man sie verknoten, ohne dass sie Schaden nimmt, denn der Druck des Tabaks, der die Papierhülle der Zigarette auseinander reißen würde, verteilt sich jetzt auf die Folie, die diesem Druck standhält. Nach dem Aufknoten kann man die Zigarette glatt streichen und rauchen.

28. Das Vergrößerungsglas

Ganz einfach, man sticht mit einer Nadel ein kleines Loch in einen schwarzen Karton. Hält man den Karton jetzt vor das Auge und liest durch das kleine Loch, so vergrößert sich die Tiefenschärfe. Dadurch kann man näher an das betrachtete Objekt heran und sieht es größer.

29. Auf der Wäscheleine

Bei Nordwind, denn dann wird die Wäsche so bewegt, dass mehr wärmende Sonnenstrahlen auf die Wäschestücke fallen als bei Südwind.

30. Der Silberlöffel

Glas erwärmt sich nur langsam, daher kann vor allem ein dickwandiges Trinkglas zerspringen, wenn eine heiße Flüssigkeit eingefüllt wird. Ein Silberlöffel leitet die Wärme um ein Vielfaches besser, und wenn nun die heiße Flüssigkeit ins Glas gelangt, wird die Wärme zuerst vom Silberlöffel aufgenommen, so dass ein langsamerer Temperaturausgleich im Glas stattfinden kann, was das Glasbruch-Risiko deutlich senkt.

31. Fliegende Haare

Durch Reibung vor allem bei Stoffen mit künstlichen Fasern werden die Haare und der Pullover magnetisiert bzw. elektrostatisch aufgeladen.

32. Wandernde Johannisbeeren

Das Wasser muss mit Kohlensäure versetzt sein. Die Johannisbeeren sinken ab, doch die Kohlensäure-Luftbläschen, die an den Früchten anhaften, lassen die Johannisbeeren an die

Oberfläche steigen. Dort werden die Luftbläschen an die Umgebungsluft abgegeben, und die Früchte sinken wieder ab.

33. Bergluft

Er füllt das Reagenzglas vor dem Aufstieg mit Wasser, das er erst auf dem Berg ausleert, und verschließt das Glas dann luftdicht.

34. Pendeln

Die Rückstellkraft der Bleikugel ist zwar 7-mal so hoch wie die der Aluminiumkugel, jedoch ist auch die Trägheit der Bleikugel 7-mal größer, so dass beide Pendel gleich schnell schwingen.

35. Das Taschentuch

Das Taschentuch bleibt trocken, da die Luft im Joghurtbecher das Eindringen des Wassers verhindert.

11. Geografische Rätsel

1. Gute Nachbarschaft

Die Volksrepublik China, sie hat 15 Nachbarländer.

2. Aufzählung (1)

Andorra ist kein amerikanischer Staat.

3. Altstadt

In Mannheim, der sogenannten Quadratestadt, werden die Straßen mit Buchstaben-Zahlen-Kombinationen bezeichnet, z. B. Q5.

4. Alt und neu

Karl-Marx-Stadt.

5. Aufzählung (2)

Undine ist keine Stadt.

6. Hauptstädte

1) Sofia
2) Tokio
3) Lissabon
4) Oslo
5) Ottawa
6) Colombo
7) Helsinki
8) Madrid

7. Die Teeparty

Im Hafen von Boston schlichen am 17. Dezember 1773 als Indianer verkleidete Freiheitskämpfer an Bord eines Schiffes und warfen 342 Teekisten über Bord. Sie protestierten damit gegen die Teesteuer, die England dem damals noch nicht unabhängigen Amerika aufgezwungen hatte.

8. Gemeinsamkeiten
Der Vorname wird in diesen Ländern immer hinter dem Familiennamen geschrieben.

9. Namensforschung
Grönland bedeutet ganz einfach „grünes Land", denn Erik, dem Entdecker Grönlands, bot sich im Jahr 982 eine grüne Insel dar.

10. Aufzählung (3)
Timalien sind Vögel.

11. Umbenennung
Sri Lanka.

12. Grenzübergang
Es gibt keine direkte Grenze zwischen Italien und Deutschland.

13. Der Eiffelturm
Nein, denn die höchsten Sanddünen der Sahara sind weit über 400 Meter hoch.

14. Aufzählung (4)
Der Ärmelkanal ist keine künstliche Wasserstraße.

15. Aufzählung (5)
Der Nansen-Pass ist kein Gebirgspass.

16. Die Mitte Europas
Litauen.

17. Städtenamen

Alle Städte sind die Hauptstädte des jeweiligen Bundeslandes.

1) Schwerin (Mecklenburg-Vorpommern)
2) Düsseldorf (Nordrhein-Westfalen)
3) Dresden (Sachsen)
4) Erfurt (Thüringen)
5) Hannover (Niedersachsen)
6) Wiesbaden (Hessen)
7) München (Bayern)
8) Stuttgart (Baden-Württemberg)
9) Potsdam (Brandenburg)
10) Mainz (Rheinland-Pfalz)
11) Kiel (Schleswig-Holstein)

18. Von Nord nach Süd

8), 4), 6), 2), 3), 1), 7), 5)

19. Wo fließt ...?

1) Spree
2) Rhein
3) Aller
4) Elbe
5) Donau
6) Seine
7) Saale
8) Nil
9) Themse
10) Weser
11) Arno

20. Namenswechsel

Byzanz und Konstantinopel.

21. Am Neckar

Heidelberg, Main.

22. An großen Flüssen

Worms, Mutlangen, Bayreuth, Neumünster, Paderborn.

23. Grenzgebiet

Elsass.

24. Man spricht Deutsch

Deutschland, Österreich, Schweiz, Italien.

25. Hier wird's amtlich

In der Schweiz gibt es vier Amtssprachen: Deutsch, Französisch, Italienisch und Rätoromanisch.

26. Gesucht: ein Gebirgszug

Die Picos de Europa im Norden Spaniens nahe des Atlantik.

12. Worträtsel und Sprachspiele

1. Welcher Monat?

Der Mai, er hat nur drei Buchstaben.

2. Märchenfigur

Rum + Pel(le) + Stil + Z + (po)chen = Rumpelstilzchen

3. Brotaufstrich

(Sau)m + Arme + L(ast) + Ade = Marmelade

4. Hier fehlt eine Zahl

Elf: Jubelfeier, Vielfraß, Hammelfett, Welfen

5. Büromaschine

Schrei + B(rauch) + Ma(krone) + Schiene = Schreibmaschine

6. Der lügende Bauer

Wenn ein „pf" vor dem „lügen" steht.

7. Einer passt nicht

Ergaunern (unehrlich erwerben).

8. Streichinstrument

Kon(rad) + Trab + (N)ass = Kontrabass

9. Ein Gedicht

Lieber Berthold, von mir weichen
willst Du wirklich FRAGEZEICHEN
Guter Freund GEDANKENSTRICH
nimmermehr verlasse mich.

10. Ein Tier passt nicht

Der Kolibri ist ein Vogel, kein Insekt.

11. Ein Begriff passt nicht

Die Lerche ist ein Vogel, kein Baum.

12. Ein Begriff ist fehl am Platz

Die Sechste ist kein Tonintervall.

13. Falsche Aufzählung

Die Equipe ist kein Wagen.

14. Versteckspiel

1) Mandarine
2) Blaubeere
3) Orange
4) Birne
5) Aprikose

15. Konditorenerzeugnis

Scho(ten) + Ko(n)(tor) + Laden + (Bar)t + Orte = Schokoladentorte

16. Deutsche Stadt

H(ast) + Eid + Elbe + (a)rg = Heidelberg

17. Informationsdienst

w(enden) + (Park)ett + Erbe + Richt(er) = Wetterbericht

18. Verknüpfter Vorgang

K(affe)e + T(as)ten + (Kar)re + Akt + (Rat)ion = Kettenreaktion

19. Moderne Rechenmaschine

C(haus)(see) + Om(ar) + Puter = Computer

20. Operntitel

Lo(ren) + He(ring) + (Du)ng + (Schneide)rin = Lohengrin

21. Mittelalterliche Fußbekleidung

Schn(alle) + Ab(scheu) + (Schacht)el + Sch(wein) + Uh(land) = Schnabelschuh

22. Seltene Naturerscheinung

Mon(tage) + (San)d + Fin(ger) + Ster + (Gleich)nis = Mondfinsternis

23. Fotoapparat

K(reise)l + Einbil(dung) + (Wo)dka + Mera(n) = Kleinbildkamera

24. Weihnachtsgebäck

le(ger) + B(ar)k + (vers)uchen = Lebkuchen

25. Künstlicher Erdtrabant

Nach(folge)r + ich + ten + Sa(ale) + Tell + (Gran)it = Nachrichtensatellit

26. Körperschulung
Gymn(asien) + Ast + (Pan)ik = Gymnastik

27. Teil des Radios
(Kar)ton + B(engel) + Lende = Tonblende

28. Tonwiedergabe
Pla(kate) + (Derb)y + Back(enz)(ahn) = Playback

29. Eine große Familie
Leiter und ihre Sprossen.

30. Vogel federlos
Schnee und Sonne.

31. Ein rotes Jäckchen ...
Hagebutte.

32. Ein Abend
Sonnabend.